张爱玲传

半生情缘，一世传奇

陈艳 ◎ 著

台海出版社

图书在版编目（CIP）数据

张爱玲传：半生情缘，一世传奇 / 陈艳著 .
北京：台海出版社，2024. 11. — ISBN 978-7-5168
-4013-9

Ⅰ . K825.6

中国国家版本馆 CIP 数据核字第 2024273DK2 号

张爱玲传：半生情缘，一世传奇

著　者：陈　艳		
责任编辑：俞滟荣		封面设计：颜森设计

出版发行：台海出版社
地　　址：北京市东城区景山东街20号　　邮政编码：100009
电　　话：010-64041652（发行，邮购）
传　　真：010-84045799（总编室）
网　　址：www.taimeng.org.cn/thcbs/default.htm
E - m a i l：thcbs@126.com

经　　销：全国各地新华书店
印　　刷：三河市嵩川印刷有限公司
本书如有破损、缺页、装订错误，请与本社联系调换

开　　本：880毫米×1230毫米　　1/32
字　　数：150千字　　　　　　印　张：5.5
版　　次：2024年11月第1版　　印　次：2025年1月第1次印刷
书　　号：ISBN 978-7-5168-4013-9

定　　价：39.80元

序言

　　张爱玲是中国文学史上的一个"传奇"。她家世显赫，在新旧交替的年代，父亲张廷重身上保留着许多旧时代的思想和习惯，传统守旧，母亲黄逸梵深受西方文化熏陶，是一位新时代女性。张爱玲的成长过程中充斥着新旧两种文化的矛盾冲击，深切感受到家族由繁华转向衰败的过程，更多了别样的人生体验。

　　张爱玲自幼饱受文学浸染，傅雷曾说，张爱玲的出现，是让人始料不及的"奇花异卉"，特别是《金锁记》，"该列为我们文坛最美的收获之一"。

　　贾平凹毫不掩饰对张爱玲文章的喜爱，他曾写道："张的散文短可以不足几百字，长则万言，你难以揣度她的那些怪念头从哪儿来的，连续性的感觉不停地闪，组成了石片在水面的一连串地漂过去，溅一连串的水花……"

　　中国文学评论家夏志清在《中国现代文学史》中专章讨论张爱玲，连苏童也叹道，他"怕"张爱玲——怕到不敢多读她的东西。

　　张爱玲活得寂寞但并不孤独，她半生飘摇，始终笔耕不辍，将自己的灵魂之韵娓娓道来，平静，深邃。

时光荏苒，张爱玲盛名至今不减，"张迷"遍布全球，她在 1944 年的创作中谈道：

"我的小说里，除了《金锁记》里的曹七巧，全是些不彻底的人物。他们不是英雄，他们可是这时代的广大的负荷者。因为他们虽然不彻底，但究竟是认真的。他们没有悲壮，只有苍凉。悲壮是一种完成，而苍凉则是一种启示……我不把虚伪与真实写成强烈的对照，却是用参差的对照的手法写出现代人的虚伪之中有真实，浮华之中有朴素……"

张爱玲的一生，亲情有缺，爱情含殇，却收获了友情之暖，文学之丰。张爱玲郑重地写道："在普通人里寻找传奇，在传奇里寻找普通人。"

张爱玲以传奇的姿态，传奇的人生体验，书写人性冷暖，洞察世间苍凉，将新、旧、俗、雅，融会贯通，恣意挥洒，她的一生在文学的星空独绽异彩。

目
录
Contents

第一章

沧海桑田

　　家族中的辉煌与没落，在张爱玲的生命中铺上一层华丽的底色，尽管她出生时繁华已逝，那些旧时的屋、旧时的影子、旧时的故事游荡在她幼小的心灵里，她成了见证繁华辉煌、体验家道中落的亲历者。

　　那高门望族、官宦世界，那些曾经的繁华，在时光辗转中渐渐褪色，对于祖辈亲情，爱玲的心中依然流淌着浓浓的爱。

家世渊源

> 我没赶上看见他们，所以跟他们的关系只是属于彼此，一种沉默的无条件的支持，看似无用、无效，却是我最需要的。他们只静静地躺在我的血液里，等我死的时候再死一次。我爱他们。
>
> ——《对照记》

民国时期，上海。这里的建筑既有浓郁的西洋风情，也有古典中式风格，这里素有东方巴黎之称，也是西方冒险家的乐园。

身着典雅旗袍的女子倩影在璀璨的霓虹灯下时隐时现，时尚豪华的汽车鸣着喇叭穿街而过，挥汗如雨的车夫拉着黄包车卖力奔跑，歌厅里歌女的靡靡曲调与某个弄堂里传出的优雅评弹此起彼伏……

上海的繁华与衰败，清晰与模糊伴随着民国闪闪烁烁的灯火，伴随着打更人散漫悠长的梆子声，伴随着黄浦江上轮船鸣起的悠长的汽笛声……将这里的风貌与气质融合在一起，为这座城市涂上色彩斑斓的油彩。油彩之下，一抹灰红相间的建筑隐在其间，细细看，那是一座老式洋房的别墅。

这座老洋房气派十足，清水砖墙、砖雕花式，有着典型的英国安妮女王复兴时期的建筑风格，是独立式花园建筑。

时光流转，岁月更迭，当年的豪门望族已经衰败，遗留下的建筑却依然安静地矗立着。居住在此间的主人的余温和气息似乎还在空气中盘旋不散，那些曾经辉煌的过往却渐渐消散在岁月深处，化为尘烟。

这是建于明末清初的仿西式建筑，20多间房，住着主人与用人。房多人稀，客厅暗沉，长年挂着煤气灯。没有电的时代，昏黄的煤气灯中，整个厅堂亦是旧黄沧桑。

厚重的铁门透着岁月沉淀出的古老气息，门环叩击铁门，清寒的雨为这青砖红瓦的老洋房染上一层清凉的光晕。

1920年9月30日（农历八月十九日），一声清脆的啼哭打破了这座豪宅的宁静，这响亮的哭声，亦以另一种形式将属于张爱玲的声音，留在文学的圣殿。她冷峻的文笔，如一只无形的触手，触向人性深处隐秘的角落。她成为当时上海文坛当之无愧的明星，一部部作品在那座繁华的大都市里一时之间洛阳纸贵。而她生长的老宅亦变得神秘且显赫起来。

她在日后的岁月里，以笔为矛，留下一段传奇人生。

从《流言》《传奇》《倾城之恋》到《半生缘》《对照记》……她的作品透着意味深长，多年后异乡的灯下，曾经"出名趁早"的张爱玲，终究是在那抹光里恍然了悟。她说："看见了好东西，有的人滴水不进，有的人蘸一下，就洇开一片。"

荣升为父亲的张廷重在为这个孩子的取名上，略微斟酌，就叫张煐吧。"煐"这个字比较小众，重名少，可见，张廷重对孩子取名是用了心思的。

小张煐10岁那年，要上小学了，留洋回国的母亲，带着一身洋气，带孩子去学校报名注册，在填孩子姓名时，她嫌"张煐"这名字嗡嗡的，不太清晰响亮，得有一个正式一点的学名，想了一会儿说："暂时把英文名字胡乱译两个字罢，今后再改也不迟。"于是给女儿取名"爱玲"。

这个名字，张爱玲起初是不喜欢的，她曾说："我愿意保留我的俗不可耐的名字，向我自己作为一种警告，设法除去一般知书识字的人咬文嚼字的积习，从柴米油盐、肥皂、水与太阳之中去找寻实际的人生。"

但她依然接受并一直沿用这个名字，或许是因为这是母亲为她起的名字，她对母亲的爱是深沉含蓄的，每一次呼唤这个名字，便是将母爱留住。

转眼张爱玲一周岁。旧时大户人家皆会以"抓周"来占卜孩子的未来志向。小爱玲着红色的小夹袄，圆脸、短发、齐刘海儿下一双机灵的眼睛好奇地打量着家中一张张乐呵呵的脸庞。

四下是闹哄哄的人声，看着面前的漆盘里摆着各种各样的物件，花花绿绿琳琅满目，她信手抓起一件，因为对孩子来说，选择物件，无非信手拈来。

"不知道'抓周'这风俗是否普及各地。我周岁的时候循例在一只漆盘里拣选一件东西，以卜将来志向所趋。我拿的是钱——好像是个小金锭罢。我姑姑记得是如此，还有一个女佣坚持说我拿的是笔，不知哪一说比较可靠。"

张爱玲出生后在上海的洋房里生活了两年，她对小时候"抓周"的情形并无多少清晰的记忆，写《童言无忌》这篇文章，津津乐道于满岁时"抓周"的情景是后来听大人说的，许是更喜欢手里抓的是金锭，她毫不掩饰自己对钱的喜爱。

　　"一学会了'拜金主义'这名词，我就坚持我是拜金主义者。我喜欢钱，因为我没吃过钱的苦——小苦虽然经验到一些，和人家真吃过苦的比起来实在不算什么——不知道钱的坏处，只知道钱的好处。"

　　这幢老旧的洋房里，粉脸圆润的小丫头无忧无虑地在宅院里走进走出，家里那些红漆雕花的家具，色泽华丽的丝绸锦缎、珍珠玛瑙的家传首饰、美味无比的佳肴，留给张爱玲一份神秘的记忆。

　　张爱玲喜欢听家人聊起那些遥远得像雾一样朦胧的家族史。

　　自己住的这幢上海公共租界西区的麦根路313号的大屋子，是李鸿章给他女儿——自己祖母的嫁妆。大名鼎鼎的李鸿章可是自己曾外公呢。听大人们说，曾外公是晚清名臣，洋务运动的主要领导人之一，安徽省合肥人，世人多称"李中堂"，他曾是淮军、北洋水师的组建者和统帅洋务运动的领袖，晚清重臣，官至东宫三师、文华殿大学士、北洋通商大臣、直隶总督……

　　还有那未曾谋面的祖父张佩纶，听家人说，他虽然出身河北一个比三家村多四家的荒远小村，但少年就学，天资不凡，饱读诗书、满腹经纶。祖父虽为寒门学子，当年可是一朝中举，入朝为官，清正廉洁，自是官场中的一股清流，当年因为被李鸿章器重，在他年过四十、仕途不济之时，李鸿章将自己年仅二十二岁的爱女李菊藕许配给他。

祖母李菊藕是大家闺秀，琴棋书画无所不能，又常伴随其父亲身边，见多识广。对于父亲给她许的这门亲事，她欣然接受。

"后来呢？"小爱玲会好奇地向那些大人们追问家族里的故事。

"后来呀，虽然你曾外公很器重你祖父，但是政坛的风云变幻无穷，你祖父与他岳父大人政见不同，产生分歧，不好顶撞，所以就带着你祖母离开京城隐居，闭户读书，对岳父的政治、外交各方面都不发表议论。"

小小的张爱玲眼前仿佛出现祖父和祖母带着丰厚的嫁妆离开的画面。他们拥有富足的田产，家里摆着价值连城的古董，两人花前月下，诗酒相随，月影清圆，花香摇曳，酒亦微醺矣，多美妙！

1901 年，张爱玲曾外公李鸿章去世，祖父张佩纶因时局的状况也越发颓废，借酒浇愁，不久抑郁而终，遗下 37 岁的爱妻和 7 岁的儿子以及 2 岁的女儿——男孩就是张爱玲的父亲张廷重，女孩就是张爱玲一直深为喜爱的姑姑张茂渊。

祖母李菊藕以父亲李鸿章陪送的嫁妆度日，数年之后，47 岁的李菊藕追随丈夫而去。

乱世之中，张爱玲的父亲张廷重，成了这个时代的悲剧人物。

张爱玲年幼时无法理解自己的父亲满腹经纶，却为何沉迷于大烟的迷雾中不思进取？直到长大成人后，她才明白父亲作为前朝名臣后裔，自幼熟读八股文，满腹学问，一心想着科举成名，然而却无用武之地，科举废除，时代进步，新旧杂陈的社会让他进退两难，找不到用武之地。他像没有航向的船，在波峰浪谷间起伏，却没有要努力的方向。

家族起起伏伏的历史，在张爱玲幼小的心灵里，无声地回荡、渗透。

若干年后，那些回忆与现实悄然交织。老旧的屋子、昏暗的灯光、那些逝去的亲人的音容笑貌……如电影镜头回放在张爱玲脑海中。遥远的回响照进了现实，她沉浸其中，将这些点滴融入自己创作的角色里，处处保持着他们原有的秉性，又赋予了他们新的角色、新的环境，生动地演绎了一出出新的故事。

家族的辉煌与没落，在张爱玲的生命中铺上了一层华丽的底色，尽管她出生时繁华已逝，旧时的屋、旧时的影子、旧时的故事，仍游荡在她幼小的心灵里，她成了见证繁华辉煌、体验家道中落的亲历者。

高门望族、官宦世家，那曾经的繁华荣耀，在时光辗转中渐渐褪色。纵然繁华已逝，对于祖辈，爱玲的心中依然有着浓浓的爱。

"我没赶上看见他们，所以，跟他们的关系只是属于彼此，一种沉默的无条件的支持，看似无用、无效，却是我最需要的。他们只静静地躺在我的血液里，等我死的时候再死一次。我爱他们。"

　　这是晚年的张爱玲在整理自己箱底的老照片时写的一段话，也是她关于自己家族亲情极少的一段描述。她从来没有为自己出身豪门，拥有着贵族血统而沾沾自喜，她不需要用那些辉煌的家族史来证明自己的不俗。

　　张爱玲无论是生活在祖国上海、香港，还是后来定居美国，大多数时间过着寂寞的隐居生活，她一生漂泊，人至暮年，心里藏着深深的家族之爱、亲情之爱，内心一直与这些亲人相处，让过往的精致、繁华、纷乱、苍凉，如浓稠的花雕，独自品尝，感受着其中的余味悠长。

亲疏有间

　　我父亲一辈子绕室吟哦，背诵如流，滔滔不绝一气到底，末了拖长腔一唱三叹地做结。沉默着走了没一两丈远，又开始背另一篇。听不出是古文时文还是奏折，但是似乎没有重复的。我听着觉得辛酸，因为毫无用处。

——《对照记》

　　从古至今，父爱对一个孩子成长的影响至关重要。父爱是沉默的，虽然不言不语，却让人感到踏实；父爱是含蓄的，虽然不善表达，面露的微笑是最好的赞扬；父爱是宽阔的，面对孩子受挫，他那温暖的胸膛是最安全的港湾。

　　张爱玲的父亲张廷重，生于晚清，家族的败落与崩塌，祖母的严厉与苛刻，让他的成长蒙了一层灰暗。

　　年轻守寡、手无寸铁、守着偌大家业却坐吃山空的祖母李菊藕，一心一意培养一双儿女成才，她寄希望于孩子身上，梦想着将来子女能继承丈夫遗志，担负起家业的重任，她的教育也是强硬而独特的。

"那些公子少爷只晓得出去浪荡，不晓得做点事体，那怎么行？"李菊藕担心儿子沾染上坏风气，于是便想办法不让他出门。她认为男孩子不能打扮得太好看，旧衣破衫穿着是节俭。倘若为儿子做了新衣，儿子这件新衣裳也是颜色娇嫩，花红柳绿，甚至连鞋子也是绣满艳俗图案的花鞋。男孩子穿成这样，看他怎么出去撒野，她心里想。

李菊藕的想法与做法高度一致，她不仅给张廷重一身女孩打扮，还将自己父亲李鸿章做学问的方法和生活习惯一丝不落地让儿子照样学习。

张廷重整日被母亲逼迫着，极不情愿地背起那些古文、时文、奏折。对这些生涩难懂又极为难背的东西，年幼的张廷重起初背得结结巴巴，有时在规定时间背不出来，他一双怯怯的眼睛看着母亲那张怒气冲冲的脸，害怕地低下头。母亲甚是严厉，若不能倒背如流，责骂、罚跪、抽打那是常有的事。

对于女儿张茂渊，李菊藕希望培养出一个独立自主的女性。李菊藕将女儿当成男孩子一样教养，给她穿男装，称她"毛少爷"。这样的教育让女儿个性独立、思想开放，年纪轻轻就漂洋过海求学去了，一辈子都力求独立自主。

张廷重虽有厚重的家世背景傍身，又有严格的家训家教约束，在学识上也并非没有受益，但母亲的教育，从思想到行为都成了他的枷锁，他日后的生活、思想、情感、事业都无法走出这道枷锁的羁绊。张爱玲在《对照记》中回忆道：

"我父亲一辈子绕室吟哦，背诵如流，滔滔不绝一气到底，末了拖长腔一唱三叹地作结。沉默着走了没两三丈远，又开始背另一篇。听不出是古文时文还是奏折，但是似乎没有重复的。我听着觉得辛酸，因为毫无用处。"

张爱玲曾想，父亲整天吟诵的这些与时代脱节的毫无用处的篇章，实在改变不了什么。

张廷重何尝不想建功立业？可是，世道变了，自己不过是前朝遗少，那些八股文再也派不上用场了。李菊藕为了使张廷重适应社会，为他请过英语老师，教他英语。但是祖上留下的那些风尚太重太深，他已被深深浸染，在新时代，只能做茫然的挣扎，如一只四处扑腾却找不到灯光的飞蛾。

父亲一生的悲剧，来自他从小的教育，亦来自他典型的遗少式的生活方式。随着岁月更迭，张爱玲渐渐理解父亲，正如她在小说《多少恨》中说的："真正的了解一定是从爱而来的，但是恨也有它的一种奇异的彻底的了解。"

张爱玲与父亲的关系时亲时疏。

小时候，母亲出国，父亲陪伴在自己身边。他教小爱玲读《诗经》。闲来无事的时候，还会带女儿去咖啡馆，去夜总会，有时还带她到姨太太的小公馆去。

晚饭时，父亲和自己坐在清冷高深的屋子里，端着盛酒的大红细金花的"汤杯"，父亲浅酌时，爱玲看着白茶盅上描着轻淡的藕荷，蝴蝶似乎翩然欲飞，想着云雾沌沌的梅花……这样的生活，多么静好。

父亲的房间里还有一大堆白话文的平民小报，父亲爱读，小爱玲也会翻来看，父亲有时会耐心地读给她听。

父亲并非不喜欢新生活，他的书架上摆着批判旧文化旧制度的《胡适文存》，父亲喜欢看西洋小说，还买汽车。可见，他是多么想融入新生活里呀，因为这新生活里有着一股自由、不受羁绊的空气。

张爱玲在《私语》里写道：

有一本萧伯纳的戏：《心碎的屋》，是我父亲当初买的。空白上留有他的英文题识：

天津，华北。

一九二六。三十二号路六十一号。

提摩太·C.张

张爱玲向来觉得在书上郑重地留下姓氏，注明年月、地址，是近于啰唆无聊的，可成年以后，她发现这本书上的几行字，却很喜欢。当年，父亲对她的好，童年时期带他们在天津生活的种种又历历在目。透过父亲的熟悉的字迹，让当年那春日迟迟的空气也在她心头流淌，她的心里顿时温暖起来，欢喜地看了又看，仿佛回到了自己童年时期的家。

"童年的一天一天，温暖而迟慢，正像老棉鞋里面，粉红绒里子吸着阳光。"

"多少年来跟着他，被养活，被教育。"对于父亲，张爱玲内心是感恩的。

但是，另一方面她又是矛盾的。父母离异后，父亲再婚，张爱玲与后母相处艰难。在她眼里，那个家，"房子的青黑的心子里是清醒的，有它自己的一个怪异的世界"。有一次，由于后母的挑拨，张爱玲被父亲毒打，囚禁于空室，父亲的残忍亦伤透了张爱玲的心，她想要离开这个家。

终于有一天，她趁机逃出了父亲的那个家。张爱玲曾这样描述她离开后的情形："我后母把我一切的东西分给了人，只当我死了，这是我那个家的结束。"父亲的家，从此在张爱玲的心中印下黑暗与杀机的回忆。

张爱玲的作品中不乏父亲的身影闪现，对于父亲这一类前朝遗少的透彻认识，既来自那些与父亲发生的尖锐冲突事件，也来自那些与怨恨同等强烈的爱。

记忆中父亲与她的一点一滴，是那些无穷尽的弥漫烟雾的鸦片烟气味中的闲谈往事，是父亲牵着她的小手上街买美味点心的快乐，父亲为年幼时自己写的《摩登红楼梦》代拟回目，还由衷地称赞她做的报纸副刊……这些她从未忘记。

亲疏之间，爱永远比恨更浓。童年与父亲生活的种种情形，那些春日花园里的秋千，天井下的青石砧，家中收藏的画卷，那些繁缛的、华茂的却迟暮的静物，帘拢背后幽幽的生活，都透着春日迟迟，岁月静好，缠绵氤氲着人情意味……

晚年张爱玲在整理旧时照片、写《对照记》时，收入了三张父亲的照片，讲述父亲的文字也充满了温情和原谅。

世事无常，亲情永在；父女之爱，亲疏有间。时间滤过，余下的是深细缅邈、潺潺流淌的骨肉亲情，在令人惆怅的回忆里地老天荒。

姐弟情深

> 浴室的玻璃窗临着阳台，啪的一声，一只皮球蹦到玻璃上，又弹回去了。我弟弟在阳台上踢球。他已经忘了那回事了。这一类的事，他是惯了的。我没有再哭，只感到一阵寒冷的悲哀。
>
> ——《童言无忌》

"儿童散学归来早，忙趁东风放纸鸢。"悉数童年，快乐的痕迹无处不在，如一颗糖果，让人怀念它那甜甜的味道；似一曲欢歌，久久回荡心头……张爱玲的童年生活，因有好看又乖巧的弟弟相伴，别有一番趣味。

张爱玲和弟弟张子静都出生在上海那幢老洋房里，弟弟小张爱玲一岁，小名叫小魁，学名子静。

1922 年，在张爱玲 2 岁的时候，父亲张廷重与比他同父异母大 17 岁的哥哥张志潜相处不和睦，便举家迁至天津英租界 32 号路 61 号的一栋洋房。一同前往天津的，还有 21 岁的妹妹张茂渊。那栋洋房也是祖父张佩纶结婚时购置的，豪宅宽敞，汽车、司机、用人一样不缺，父亲也有了工作，是在铁路局做事，那时他还喜欢跟一班朋友成天外出喝酒玩乐，一家人在此处生活，日子过得很是风光。

张爱玲的弟弟小时候小嘴、大眼睛、长睫毛，像卡通画里出来的小王子，精致漂亮。弟弟是张爱玲的玩伴，是她的粉丝，她也喜欢弟弟，把他当个小玩意。

天津的旧宅，有趣的地方不少，院内有一个秋千架，小小的张爱玲穿着白底小红桃子纱短衫和红裤子，在秋千架上摇来摇去，欢乐的笑声传出很远。有时，她会出神地看着一群小鸡"捉迷藏"，而夏日午后，她美滋滋地喝完满满一碗淡绿色、涩而微甜的六一散，再看一本谜语书，沉浸在书籍的世界里，新奇有趣。

但她的弟弟由于体弱多病，必须控制饭食，想吃的东西却不能吃。一次，他病在床上，闹着要吃松子糖——松子仁舂成粉，掺入冰糖屑，张爱玲看用人在糖里加了黄连汁，喂给他，使他断念，他大哭，把一只拳头完全塞到嘴里去，仍然要。于是他们又在弟弟的小拳头上擦了黄连汁。他吮着拳头，哭得更惨了，张爱玲见着，心里也隐约心疼弟弟。

弟弟有时会捣乱。张爱玲的画好看，弟弟妒忌她画的图，趁没人的时候拿来撕了或是涂上两道黑杠子。张爱玲因此愤怒极了，可是见弟弟呆萌可爱，又想想他从小受的约束多，自己比弟弟大一岁，比他会说话，比他身体好，自己能吃的，弟弟不能吃，自己能做的，弟弟不能做，对弟弟的捣蛋行为，便瞬间原谅了，因为能够想象弟弟心理上所受的压迫。

黄昏时分，姐弟俩会玩一种游戏，张爱玲出主意，自己扮演月红，让弟弟扮演杏红，自己使宝剑，弟弟使铜锤，嘴里喊着不知名的口令，想象许多虚拟的伙伴，仿佛是"金家庄"中能征善战的两员骁将去攻城略地。

张爱玲会编一些有趣的情节，比如："金大妈在公众的厨房里咚咚切菜，大家饱餐战饭，趁着月色翻过山头去攻打蛮人。路人偶尔杀两头老虎，劫得老虎蛋，那是巴斗大的锦毛毯，剖开来像白煮鸡蛋，可是蛋黄是圆的。"

弟弟虽然和姐姐玩得起劲，在游戏过程中，却又不听姐姐的调派，叫他往东，他偏往西，两个孩子便争吵起来，可是吵着吵着，小爱玲见弟弟着实是秀美可爱，当姐姐的就缓下劲来："好吧，你不听我的，那你编个故事我们来演好不好？"

弟弟有声有色，边说边演，"一个旅行的人为老虎追赶着，赶着，赶着，泼风似的跑，后头呜呜赶着……"

还没说完呢，张爱玲就笑得不行，忍不住在弟弟的腮上亲一下。

有了后母之后，两个孩子都跟着父亲与后母生活。

一日，张爱玲从学校回来，大家正在吃饭，可是为了一点小事，父亲打了弟弟一个嘴巴子。张爱玲看见弟弟被父亲这样毫不留情地扇嘴巴，心里很震惊，又心疼，又难过，眼泪忍不住流了下来，她赶紧用饭碗挡住脸。这时后母笑着说起风凉话："咦，你哭什么？又不是说你！你瞧，他没哭，你倒哭了！"

张爱玲强烈的自尊心使她丢下了碗冲到隔壁的浴室里去，闩上了门，无声地抽噎着。她看着自己在镜子里的脸，看着眼泪滔滔流下来，她咬着牙说："我要报仇。有一天我要报仇。"

张爱玲还在心里愤恨，没多久：

> 浴室的玻璃窗临着阳台，啪的一声，一只皮球蹦到玻璃上，又弹回去了。我弟弟在阳台上踢球。他已经忘了那回事了。这一类的事，他是惯了的。我没有再哭，只感到一阵寒冷的悲哀。

张爱玲觉得弟弟太窝囊了，没有志气。张爱玲悲哀地想，弟弟转眼间就忘记了挨打的事情，他怎么会选择遗忘，怎么没有一点血性，没有一点记性？

弟弟没有姐姐那么幸运，张爱玲和父亲继母彻底闹翻后，投奔了生母。

夏天里，弟弟也来投奔母亲了，带着一双报纸包的篮球鞋。弟弟说他也不想回那个讨厌的家了，可是他们的母亲却说："我的经济能力只能负担一个人的教育费，你还是回去吧。"弟弟哭了，张爱玲也哭了。弟弟无奈，只好又带着那一双报纸包的篮球鞋回到父亲那个清冷凋零的家。弟弟一直在家里跟着古板的私塾先生读孔孟，没有人问他要不要上学，更没有人关心他心灵的伤痛。而张爱玲却在母亲的支持下被送进学校，张爱玲想去英国读书，母亲就给她请英语老师。

后来，张爱玲从寄宿中学放假回来，听家人讲述弟弟的种种劣迹：逃学、忤逆、没志气，而眼前这个弟弟确实看上去很不成材，穿一件不甚干净的蓝布罩衫，租许多不入流的连环画来看，张爱玲比谁都气愤，对于弟弟，张爱玲是哀其不幸，怒其不争。

　　长大后的张爱玲，一举成名，非常忙碌，弟弟去见姐姐，也常跑空趟。他曾与朋友创办报刊，向姐姐约稿，张爱玲拒绝了："我不能给你们这种不出名的杂志写稿，坏我自己的名声。"

　　她想，一个人如果学不会"自立"，不是金钱能够救得回来的。弟弟该成为他自己的救世主，每个人都应该为自己的人生负责。

　　弟弟成人后，有了工作，可是他渐渐迷上了赌博，自甘堕落，浪费光阴，成为一个"蠹虫"。身为姐姐的张爱玲却自立，在绝境中能够学习凤凰，涅槃重生，哪怕失败，也一生无悔。

　　张爱玲出国，也没有告诉弟弟，弟弟从姑姑那里得到消息，伤心地哭了。自那以后，姐弟俩30多年没有联络，弟弟只能从报纸上了解姐姐的状况。1988年，小道消息误传张爱玲已过世，弟弟经多方打听，才辗转与张爱玲联系上。

　　1990年，张爱玲69岁的弟弟向她借钱，张爱玲给弟弟回信道："没有能力帮你，是真觉得惭愧。""其实我也勉强够用。"

　　晚年的张子静写过一本书《我的姊姊张爱玲》，大部分内容由他口述，他曾在书里自嘲道："'很美'的我，已经年老，'没志气'的我，庸碌大半生，仍是一个凡夫。"

　　对于张爱玲的"无能为力"，张子静坦然接受，"姊姊待我如常人，总是疏于音问。我了解她的个性和晚年生活的难处，对她只有想念，没有抱怨。不管世事如何幻变，我和她是同血缘，亲手足，这种根底是永远不会改变的。"

覆水难收

> 最终，你走的可能都是同一条路，而她一早知道。因为她是你的母亲，你们多少都一样。
>
> ——《小团圆》

张爱玲的母亲在对张爱玲的教育上，很大程度上是冷酷和严苛的。当年，黄素琼是清末南京长江水师提督黄翼升的孙女，她身材高挑，长相美丽，出身官宦之家的大家闺秀，与同样出身名门的张廷重算是门当户对。一场豪华婚礼，让两个并无多少了解的年轻人结为夫妇。

黄素琼虽自幼被缠足，但她骨子里热情爽朗、自由奔放，渴望能与一位志同道合、思想开明的男子携手共度一生。然而，家人为她选择的丈夫张廷重抽鸦片、赌博、下馆子、花天酒地，这让黄素琼非常痛恨，两人时常吵闹。

五年后，一双儿女相继降临，母亲的心，转向孩子身上，家庭稍有安稳。

在天津生活的日子，每天早上，女佣把小爱玲抱到母亲的铜床上，她趴在方格子青锦被上，对着母亲不知所云地背唐诗。

母亲才醒过来，她拥着女儿背诗的时候，脸上却并无笑意，小小的张爱玲在母亲身边玩了许久，方才看到母亲眉目舒展，高兴起来。

母亲会教女儿认字块，当小爱玲能够把母亲教的字块认出来，母亲就会从青花瓷碟里拿两块绿豆糕，奖励给她吃。

1924 年，姑姑张茂渊要去欧洲游学，母亲黄素琼也借此机会，说姑姑游学需要有人陪伴，丢下当时只有 4 岁的张爱玲以及 3 岁的儿子，与张茂渊一起到欧洲游学去了。

黄素琼离开之前依依不舍，独自伏在竹床上痛哭，绿衣绿裙上面钉的亮片闪闪发光。用人几次来催，但她像是没听见。用人不敢开口，把张爱玲推上前去，叫她催催，但母亲依然不理她，只是哭。张爱玲觉得母亲哭的时候，"睡在那里，像船舱的玻璃上反映的海，绿色的小薄片，然而有海洋的无穷尽的颠簸悲恸"。

对于这种离别，张爱玲很是懵懂，并无不安。在母亲没离开的时候，父亲在外面娶了妾，还带张爱玲去小公馆玩。

如今母亲一走，姨太太理直气壮地搬进了张公馆。姨太太长着一张苍白的瓜子脸，额前垂着长长的前刘海，她名唤老八，比张廷重年龄稍大。姨太太对小爱玲还算友好，却并不喜欢张爱玲的弟弟。她带张爱玲去起士林舞厅，给她各式各样的点心吃，还让她在一旁观看她们跳舞。有时候，小爱玲手里拿着美食，吃着吃着就睡着了，半夜里被用人背回家。

姨太太常问爱玲是否喜欢自己，小爱玲干脆地说喜欢，姨太太听了非常高兴。张爱玲五岁时，姨太太为她做了一件很时髦的雪青丝绒的短袖长裙，并说："你看我待你多好，你母亲给你们做衣服总是拿旧的东拼西改，哪舍得用整幅的丝绒，你喜欢我还是你母亲？"

爱玲还小，她回答道："喜欢你啊。"长大以后的张爱玲常为有此回答感到不安，深觉对不起自己的母亲。

没有母亲在的张公馆变得喧嚣热闹，父亲就似没线牵着的风筝，不再被人束缚，更加恣意放浪。开宴会，叫条子，抽大烟，听弹唱，赏歌舞，过得花天酒地，有时候，家里不举办活动，就有一种紧张可怕的宁静。当凶悍的姨太太随意发脾气、打人之后，公馆的空气凝固了，没有一丝声响。

一次姨太太和张廷重吵架时，用痰盂砸破了他的头。于是族里有人出面说话，逼着她走了。

而母亲黄素琼，留洋之后，还给自己改了一个文艺新潮的名字——黄逸梵。

1928 年春天，张爱玲一家搬回上海。不久，母亲也要从国外回来了。

听说妈妈要回来，8 岁的张爱玲开心极了，"我要穿那件小红袄"。这是她认为最俏皮的衣服，又喜庆又好看。

当母亲见了穿着小红袄的女儿，第一句就说："怎么给她穿这样小的衣服？"不久，张爱玲就穿上了新衣。

上海的新家是陕西南路宝隆花园的一幢洋房，小爱玲喜欢这里的一切，那尖尖的屋顶、漂亮的花园、宽大的客厅、温暖的壁炉……有了母亲的家，有狗，有花，有童话书，还有许多风雅华美的亲戚朋友，张爱玲觉得母亲回来真好呀，家里的一切都不同了。

母亲有一次和一个胖伯母并排坐在钢琴凳上，模仿一出电影里的恋爱表演，小爱玲坐在地上看着，她大笑起来，开心地在狼皮褥子上滚来滚去。

姑姑也每天练琴，张爱玲看着姑姑手腕上紧匝着绒绒衫的窄袖子，鲜亮的红绒线里绞着细银丝很好看。姑姑纤细的手指在琴键上舞蹈，琴上的花瓶里插着鲜花，琴声悠扬，让张爱玲感觉仿佛到了另一个世界。有时候母亲也立在姑姑背后，手按在姑姑的肩上，"啦啦啦啦"吊嗓子，在张爱玲听来，母亲唱出的曲子像在吟诗。

小爱玲喜欢站在一旁静静地听着，她喜欢的不是钢琴而是这种氛围，甚至会感动地说："真羡慕呀！我要弹得这么好就好了！"于是大人们以为她是有音乐天赋的孩子，送她去学琴。母亲还教女儿举止行为要典雅风韵，教她绘画，学英语，读报刊，带她去音乐厅欣赏音乐会。

这段时间的生活是快乐的，母亲的陪伴，让张爱玲感到温暖和亲近。

好景不长，父亲和母亲之间的矛盾难以调和，他们时常激烈争吵，母亲提出离婚，但父亲并不愿意，母亲便请了一位外国律师，父亲看母亲心意已决，只好同意，最终协议离婚。

从母亲回国到父母离婚不过短短两年时间，小爱玲却牢记那段短暂的快乐时光，对于父母的离婚，张爱玲后来在文章中写道："他们的离婚，虽然没有征求我的意见，我是表示赞成的，心里自然也惆怅，因为那红的蓝的家无法维持下去了。幸而条约上写明了我可以常去看母亲。"

母亲和姑姑自此搬出宝隆花园洋房，在法租界一幢高大的西式大厦，租了一层有两套大套房的房子。

对少时的张爱玲来说，母亲属于自由、光明；而父亲，就是八股文、鸦片、腐朽的代名词。

转眼张爱玲 10 岁了，母亲黄逸梵是民国初期的新女性，没受过正规教育，又尝过男女不平等的苦，她认为女儿从小就有着比寻常孩子更好的天赋和悟性，一定要让她读书，接受新式教育，孩子长大后，才能成为独立自主的女性，但父亲却坚持不同意。

在送孩子上学这件事上，张爱玲的父母产生了严重的分歧。张子静回忆："母亲……受西方思想的影响，认为学校的群体教育才是健康、多元的教育，坚持要把我们送进学校接受新式教育。"

那天，天气炎热，空气中弥漫着一种让人昏昏欲睡的气息，趁着张廷重休息，母亲像拐卖孩子似的悄悄领着女儿出了门，警惕地向从身边驶过的黄包车招招手，坐上车，径直去了教会办的黄氏小学。

母亲跑前跑后，为孩子进行新生注册登记，插班从四年级开始学习，并为孩子改了"张爱玲"这个学名。

如果不是母亲坚持让女儿读书，或许文坛上就没有这一朵奇葩绽放。

母亲对张爱玲的付出显而易见。她为女儿打开了一扇通往知识的大门，将新鲜自由的空气带到女儿的面前，也将一片五彩斑斓的世界带到女儿的面前。

母亲离婚后不久将要动身去法国，张爱玲在学校里住读。临行前，母亲专门去黄氏小学看女儿。

两个修长的身影立在校园高大的树下，母女俩却都不知道如何开口。

母亲与女儿极少有亲密的举动，张爱玲多想母亲能够握一握自己的手，或者理一理飘在自己脸颊上的碎发，可是，母亲只是平平淡淡地望着女儿，彼此离着一步的距离。母亲像往常一般叮嘱女儿，有事可以找姑姑商量，在家要听父亲的话，不要和父亲发生冲突，万一他打你，千万不要还手，不然，说出去总是你的错。

张爱玲只是淡淡地点头，那些依依惜别的情景仿佛都是电影里的桥段，现实中却完全两样。张爱玲想，自己对母亲的离开没有表现出不舍与留恋，母亲一定对自己很失望。

母亲离开后并没有回头，她不知道女儿一直目送着自己的身影出了校门，女儿独自在校园里隔着高大的松杉远远望着那关闭了的红铁门。母亲不会知道，在寒风中，在她面前表现得镇定冷淡的女儿此时正在大声抽噎。

1934 年的夏天，父亲再婚，继母名叫孙用蕃，1903 年出生，此时也有 31 岁了。

婚后，继母嫌住的房子不够宽大，全家又搬到张爱玲出生的那一栋大别墅里。张爱玲已上中学，就读的是圣玛丽亚女校。这所学校是上海著名的美国教会办的女子中学之一，它与圣约翰青年中学、桃坞中学皆为美国圣公会所设的大学预科性质的学校。

张爱玲此时住校，极少回家。张爱玲中学快毕业时，母亲回国，想带女儿出国留学，其间，继母挑拨，爱玲挨打，被父亲囚禁长达半年。

17岁时，一直跟在父亲身边的张爱玲终于逃到了母亲的住处。母亲对张爱玲说："如果要早早嫁人的话，那就不必读书了，用学费来装扮自己；要继续读书，就没有余钱兼顾衣装上。"

后来，张爱玲在香港读大学，曾得了奖学金——800块，这不是小数目，张爱玲无比兴奋，拿回家给母亲。母亲却没有说什么，只叫她把钱放在那儿。不久，张爱玲得知，母亲把那钱在牌桌上输掉了，这是自己清贫的学生时代的一笔巨款，就这样被母亲赌没了，她对母亲生出一种无法解说的情感，是难过，是痛苦，是觉得不被母亲疼爱的伤心……

她要把母亲花在自己身上的钱悉数全部还给她！

她写作以后，拼命攒钱，终于攒够，她把所有的钱变换成二两小金条，心情"像一条紧张的蛇，蛰伏在洞口，等待她的债主归来"。

等母亲再次回到国内，张爱玲选了个时机去还钱。那天，没有玫瑰与拥抱，张爱玲赔着笑递过去——感谢母亲为自己花了这么多钱，"我一直心里过意不去"。

母亲落下泪来，"就算我不过是个待你好过的人，你也不必对我这样，'虎毒不食子'嗳"。

母亲再次出国，张爱玲后来也赴美，母女二人从此再未见面。

1957年，黄逸梵在英国伦敦，她感觉自己快要客死他乡，于是写信给张爱玲："我现在唯一的愿望就是见你一面。"

此时的张爱玲，生活拮据，自顾不暇，哪有力量去照顾母亲，她甚至连买一张去伦敦的机票钱都没有。

一个月后，母亲在伦敦去世，享年 61 岁。她的遗产寄到了张爱玲在美国的住处。

母亲去世后，张爱玲独自面壁而哭，大病一场。直到两个月后，她才有勇气整理母亲的遗物——满满当当全是值钱的古董。

张爱玲就是靠着变卖这些母亲遗留下来的珍贵的古董，度过了她在美国与赖雅一起生活的最困难岁月。

张爱玲与母亲彼此太像，她们外表冷漠，内心却是如此渴望得到对方的爱。她们彼此之间的爱是如此深情，却又因为个性相似，显得近乎无情。张爱玲最后在《小团圆》中说：最终，你走的可能都是同一条路，而她一早知道。因为她是你的母亲，你们多少都一样。

在母亲死后多年，深居简出的张爱玲给朋友的书信里写道：我现在唯一想说话的人，是我母亲。

那些被你扔得远远的东西，在你的人生中，总是要慢慢捡回来。就像柯尔·波特歌中的歌词所写：

　　而它早已成了你的皮肤。

可是，覆水难收，那些遗憾不曾表达的爱，再也不能对最亲的人说了。

那些被伤害的感情，再也收不回来了。

第二章

雏凤新声

当年圣玛利亚女校"荒烟蔓草的后园，后园里的小丘，星期日寂寞无人的盥洗室，宿舍没装纱窗，夏夜里，一阵阵的江南绿野气息从窗子里涌进来……"从张爱玲的文字间涌现出来，时光可以让许多东西消失，而过往那些景色、那些建筑、那些岁月，却一直都在，随着她的灵魂起舞，随着她的作品得以长存。

天才初梦

> 我是一个古怪的女孩，从小被目为天才，除了发展我的天才外别无生存的目标。然而，当童年的狂想逐渐褪色的时候，我发现我除了天才的梦之外一无所有——所有的只是天才的乖僻缺点。世人原谅瓦格涅的疏狂，可是他们不会原谅我。
>
> ——《天才梦》

所谓天才，通常指有天赋的才能，天造之才。(元)辛文房《唐才子传·李白》："十岁通五经，自梦笔头生花，后天才赡逸。"（清）阮葵生《茶余客话》卷三："张南华詹事，今之谪仙也。天才敏捷，诗具宿慧，兴到成篇，脱口而出，妥帖停匀。"张爱玲在文学上，的确有过人之处。

"生命是一袭华美的袍，上面爬满了虱子。"最不谙熟张爱玲作品的人，也会随口说出这句精辟的比喻，而写这句话的张爱玲，当年不到 20 岁，却仿佛是看透世事的暮年之人。

但若再多了解她一些的人，便会理解，她何出此言。

1939 年，年方 19 岁的张爱玲考入香港大学专攻文学，她刚入学不久，看到上海《西风》杂志举行三周年纪念征文，以"我的……"为题，于是，她按照征文的要求，认真书写起来。

> 我是一个古怪的女孩，从小被目为天才，除了发展我的天才外别无生存的目标。然而，当童年的狂想逐渐褪色的时候，我发现我除了天才的梦之外一无所有——所有的只是天才的乖僻缺点。世人原谅瓦格涅的疏狂，可是他们不会原谅我……

1940年4月16日，《西风》月刊征文揭晓，张爱玲的《天才梦》获奖，并在《西风》8月号上发表。1941年获奖征文以她的《天才梦》为书名结集在西风出版社出版。

虽然张爱玲说自己是做着一个名为"天才"的梦，但她写这篇获奖征文之前，文学上的天赋已显露无遗。

张爱玲3岁时，仅是牙牙学语的小娃。这天，天气晴朗，父亲心情舒畅，携着女儿走亲戚，她并不惧生，摇摇摆摆地立在一位清朝遗老的藤椅前，用那稚嫩的声音，朗声吟诵"商女不知亡国恨，隔江犹唱后庭花"，老人听着，竟然随着她深情的吟诵，不由得感动起来，泪珠顺着满脸皱纹的脸滚落下来。

爱玲5岁那年，母亲与姑姑在国外游学，只有父亲陪伴她。父亲对乖巧聪明的女儿颇是喜欢，闲时便带上女儿去戏园子看看京戏。那些长衫水袖，舞出另一种中国风，也是小小的女孩子心里喜欢的。

7岁那年，大抵由于家中父母经常争吵的缘故，她耳濡目染，写了一个无题的家庭伦理悲剧："一个小康之家，姓云，娶了个媳妇名叫月娥，小姑叫凤娥。哥哥出门经商去了，于是凤娥便乘机定下计策来谋害嫂嫂。"

到底岁数尚小，她写着写着，便搁下了，另起炉灶写起一篇历史小说。

小小的她找来一个旧账簿，簿子宽而短，分成上下两截，淡黄的竹纸上印着红条子。小爱玲在空页上起稿，开头是："话说隋末唐初的时候。"

她的心里是喜欢那时候的，那仿佛是一个兴兴轰轰橙红色的时代。

小爱玲用墨笔写满了一张，有个亲戚名唤"辫大侄侄"的走来看见了，他说："呵！写起《隋唐演义》来了。"

7岁的小爱玲听二十几岁的侄子这样夸她，心里颇是得意，可是她始终只写了这么一张，又没有继续写下去。

爱玲人小，识字有限，遇到笔画复杂的字，她小手支着下巴，搜肠刮肚地想，实在想不出，便跑去问家里的厨子怎么写。她不厌其烦地问，厨子对张大小姐的询问，也颇有为人之师的喜悦，高兴地写给她看。

8岁时，张爱玲尝试写过一篇类似《乌托邦》的小说，题名《快乐村》。快乐村人是好战的高原民族，因克服苗人有功，蒙中国皇帝特许，免征赋税，并予自治权。所以快乐村是一个与外界隔绝的大家庭，自耕自织，保存着部落时代的活泼文化。

母亲远在国外，想她的时候，张爱玲就动用起自己的智慧。

她寻出硬纸板、剪刀、五彩画笔，认真地将纸片剪成各种形状，画上漂亮的图案，又细心地涂好颜色，然后在这些自制的卡片上写上自己对妈妈的思念和祝福，隔了迢迢的山水给母亲寄过去。

父亲屋中放的各种报纸也引起了她的兴趣。张爱玲寻出报纸大小的白纸，分好版面，自己做起了手抄报，内容虽然是一些家中琐事，但她完成手抄报，喜悦自豪地拿给父亲看，父亲也异常欢喜，甚至自鸣得意，逢家中有客人来访，便拿出给人家欣赏："这是我家小张煐做的报纸副刊。"

张爱玲最喜欢父亲的大书房，里面书盈四壁，中国古典四大名著，时下流行的鸳鸯蝴蝶派都有，她一入书房，就像饥饿的人扑在面包上。

父亲书架上的书，张爱玲最爱阅读的是那套石印本的《红楼梦》。日落时光，她独自沉浸于书中，仿佛步入那多姿多彩的大观园。

书厚字多，小爱玲读来，虽然吃力，但沉迷。她总仿佛是游走在大观园里的一个清醒的看客，又似乎是园中的主角。各色人物、语言、服饰、人际关系……对她都有着强烈的吸引。

她如饥似渴地读完了《红楼梦》这本书，还会三番五次翻出重读。起初读，是看个热闹，但后来读，便有了更深的理解。12岁时，当张爱玲读完前八十回，再读高鹗续的后四十回，小小年纪的她竟然一下子读出那是狗尾续貂来，觉得天昏地暗、语言无味了。

父亲的文学功底颇为深厚，他见女儿如此喜爱读书，有时便会就书中的内容与女儿展开激烈的讨论。

因为爱读《红楼梦》，张爱玲着手写章回小说《摩登红楼梦》。

小小年纪的她，将现实中的摩登上海滩上的今人今事搬到《红楼梦》的大观园中去，竟能自成一体，融合得天衣无缝。

开端写宝玉收到傅秋芳寄来的一张照片：

> 宝玉笑道："袭人你倒放出眼光来批评一下子，是她漂亮呢还是——还是林妹妹漂亮？"袭人向他重重地瞅了一下道："哼！我去告诉林姑娘去！拿她同外头不相干的人打比喻……别忘记了，昨天太太嘱咐过，今儿晚上老爷乘专车从南京回上海，叫你去应一应卯儿呢，可千万别忘记了，又惹老爷生气！"

> 写贾琏得官："黑压压上上下下挤满了一屋子人，连赵姨娘周姨娘也从小公馆里赶了来了，赵姨娘还拉着袖子和凤姐儿笑着嚷：'二奶奶大喜呀！'凤姐儿满脸是笑，一把拉着宝玉道：'宝兄弟，去向你琏二哥道个喜吧！老爷栽培他，给了他一个铁道局局长干了……'"

> （张爱玲《存稿》）

一向严肃的父亲，读着爱女的习作，行文唱和，与《红楼梦》如出一家，不但辞令模仿得极像，就连那份神韵也极其相似。内容上，又未脱少年的天真与烂漫，让人读了便会忍俊不禁。父亲读罢，心中欢喜，沉吟片刻，大笔一挥，就替爱玲的《摩登红楼梦》拟了六回回目：沧桑变幻宝黛住层楼，鸡犬升仙贾琏膺景命；弭讼端覆雨翻云，赛时装嗔莺叱燕；收放心浪子别闺闱，假虔诚情郎参教典；萍梗天涯有情成眷属，凄凉泉路同命作鸳鸯；音问浮沉良朋空洒泪，波光骀荡情侣共嬉春；隐阱设康衢娇娃蹈险，骊歌惊别梦游子伤怀。

在这本还显稚嫩的《摩登红楼梦》里，年少的爱玲落笔有趣，颇具创意，她将自己所熟悉的古典文萃、中西文化融会贯通，融入其中，她的聪慧，她写作上的天赋才华，儿时便已充分显示出来。

张爱玲为了写小说，还特地将半打练习簿缝在一起，预期要写一本洋洋大作，毕竟年纪尚小，很快，她的兴趣便转移到别的地方，对这个题材失去了兴趣。

"生活的艺术，有一部分我不是不能领略。我懂得怎么看《七月巧云》，听苏格兰兵吹 bagpipe（风笛），享受微风中的藤椅，吃盐水花生，欣赏雨夜的霓虹灯，从双层公共汽车上伸出手摘树顶的绿叶。在没有人与人交接的场合，我充满了生命的欢悦。可是我一天不能克服这种咬啮性的小烦恼，生命是一袭华美的袍，上面爬满了蚤子。"

在《天才梦》文尾，一声感叹，道出了这位写作上极具天分的女孩在生活上存在缺陷的无奈。

爱玲从小就不必为钱财发愁。祖上留下的遗产颇为殷实，家中洋房，汽车，用人，司机皆有。生活中的她是个路盲，不认路，也不会坐电车，去电影院看电影，看完后必得等司机来接，甚至自家车的车牌号也认不得，也需要司机寻她并带她回家。

离开父亲，与母亲生活的日子，鲜少与女儿单独生活的母亲很快发现这个在文学艺术方面极具天分的女儿，在生活面前简直是个低能儿。

已经要读大学的十八九岁的大姑娘，不会削苹果，不会补袜子，怕去理发店，同一个房间里住了两年了，问她电铃在哪里，她竟然一脸茫然。坐黄包车去医院打针，来来回回三个月，也没把路记住……

不会，那就从头学起。

母亲开始教女儿怎样将饭煮熟，洗衣服时，肥皂粉该怎样用，走路的时候该保持何种姿势，要学会看人的眼色行事，点灯后要记得拉上窗帘，对着镜子研究自己的面部表情，如果没有幽默天才，千万别说笑话……

母亲的努力，张爱玲也在配合，但她尽管再小心翼翼却又总是跌跌撞撞，不是今天失手打翻了盘子，就是明天在沙发角上把自己的腿碰得发青。

在父亲家孤独惯了，在母亲这里，却又深觉困窘，她孤独地在公寓的屋顶阳台上转悠，西班牙式的白墙在蓝天上割出断然的条与块。她头顶烈日，自己仿佛赤裸地站在天底下，等待着命运的某种裁判，内心一片惶恐与迷茫。

在《天才梦》中，张爱玲将自己的人生进行着剖析，既有早慧的自豪，又有生活低能的忧郁。

选择做梦的人，是勇敢；能够一边做梦，一边实践真实的自己，更是一种幸福。

张爱玲生命中悲、喜、苦、乐错综交织，她明白地诉说着辉煌的生命往往暗藏着最悲哀的底色，"华美"是给别人看的，"虱子"只有自知。

　　但无论如何，她用一生的心血去营造自己的梦想。勇敢地为自己的梦想而努力，也激励着更多人，看清现实，努力做一个追梦人。

美人迟暮

> 灯光绿黯黯的，更显出夜半的苍凉。在暗室的一隅，发出一声声凄切凝重的磬声，和着轻轻的、喃喃的、模模糊糊的诵经声，"黄卷青灯，美人迟暮，千古一辙"。她心里千回百转地想，接着，一滴冷的泪珠流到冷的嘴唇上，封住了想说话又说不出的颤动的口。
>
> ——《迟暮》

张爱玲从小对母亲便有着深深的崇拜之情，她在《对照记》中收入一张题为"在伦敦，一九二六"的照片。黑白影像中，她侧身，卷发，双手交叉抵住下巴，风情无限，玲珑妖娆。

张爱玲 4 岁时，母亲虽是三寸金莲，却大步跨向大洋彼岸。留学的日子里，母亲过得自由自在，像一股清新的风。她和姑姑一起租房同住，一起弹琴跳舞，结伴去瑞士阿尔卑斯山滑雪，向徐悲鸿学油画，和蒋碧薇结为闺蜜，并结识诸多名流雅士。母亲的青春岁月过得如此风光，让人羡慕。

小小的张爱玲看母亲，也像看一场梦。

梦醒了，母亲从国外回来了，一家人生活在一起，每一天是新鲜的，快乐的。这种日子并不长久，一个代表着西方自由文明，一个却是浮华奢靡、暮气沉沉，他们之间的矛盾卷土重来，越积越多，家庭的气氛越来越沉重。

母亲这股清新的风吹不透，也吹不散积郁在这府邸浓稠的化不开的雾气和暮气，她越来越不快乐。

那是一个春日迟迟的午后，张爱玲看着母亲孤独的身影倚在栏杆上。她眼中，有那桃花红艳着酡颜，有柳丝抚弄着腰肢，那成团的柳絮似漫天飞舞的雪，四处飘散着。

这样美好的天气，这样缤纷繁华目不暇接的春天，连细草茸茸的绿茵上，也沾染了清明的酒气，遗下了游人的屐痕车迹，一切都应该是快乐的呀。

可是，母亲此时，她的眼才从青春之梦里醒过来似的，身边的桃花，水边的柳树全都看不见，她倚在那里，眼睛里有着朦胧睡意，甚至，脸上也露出一副极为茫然的神色。

这与往常自己眼中母亲的形象大不一致。

母亲曾经是那么兴致勃勃，那么风风火火，买面料、裁衣服、画画，听音乐，弹琴……此时的母亲，仿佛甜梦初醒，唯有空虚、怅惘——怅惘自己的黄金时代的遗失。

张爱玲看着母亲失落的表情，仿佛进入了她的内心，仿佛听见母亲的感叹："苍苍者天，既已给予人们的生命，赋予人们创造社会的青红，怎么又吝啬地只给我们仅仅十余年最可贵的稍纵即逝的创造时代呢？"

这样看起来，反而是朝生暮死的蝴蝶为可美了。它们在短短的一春里尽情地醺足地在花间飞舞，一旦春尽花残，便爽爽快快地殉着春光化去，好像它们一生只是为了醺舞与享乐而来的，倒要痛快些。

像人类呢，青春如流水一般的长逝之后，数十载风雨绵绵的灰色生活又将怎样度过？

她，不自觉地已经坠入了暮年人的园地里，当一种暗示发现时，使人如何的难堪！而且，电影似的人生，又怎样能挣扎？

——《迟暮》

此时此刻，张爱玲已经 10 岁，而母亲也不再年轻。风华正茂这个词用在母亲身上已然不合适。看着这个曾经在海外壮游，在崇山峻岭上长啸，在冻港内滑冰，在厂座里高谈的母亲，现在呢？只能倚在栏杆边，任往事悠悠，独自长叹。

不久，张爱玲至圣玛利亚女校读书，她文学的小花便开始吐苞，开花了。学校有个年刊《凤藻》，她的文章很快在这个刊物上发表，包括用英文撰写的两篇小品文《牧羊者素描》和《心愿》。短篇小说《不幸的她》刊于 1932 年《凤藻》总刊第十二期上。这年，她 12 岁，这是她在圣玛利亚女校校刊《凤藻》上发表的第一篇作品，也是唯一的一篇小说。

小说写年轻、孤傲而爱自由的"她"为追寻独立自主的生活四处漂泊，充满对童年生活的怀念、对纯真友情的依恋。

言为心声，张爱玲笔下的"她"何尝不是自己的化身。母亲回国，自己从 8 岁到 12 岁这四年时光里，经历了母亲回国的喜悦，与母亲相守的幸福，也目睹了父母争吵的可怕，承受着家庭破裂的酸楚，再眼睁睁看着自己最爱的母亲再度漂洋过海而去。那一切，在"不幸的她"身上得到一份寄托。

母亲不在身边，而母亲那天在院子里的那种失落，那份茫然，却深深刻在张爱玲的脑海里，1933年，张爱玲以母亲黄逸梵为素材，写下了散文《迟暮》，并发表在校刊上。

灯光绿黯黯的，更显出夜半的苍凉。在暗室的一隅，发出一声声凄切凝重的磬声，和着轻轻的、喃喃的、模模糊糊的诵经声，"黄卷青灯，美人迟暮，千古一辙"。她心里千回百转地想，接着，一滴冷的泪珠流到冷的嘴唇上，封住了想说话又说不出的颤动的口。

这是张爱玲发表在圣玛利亚年刊上的第一篇散文。

放任、纵情、癫狂的春天写足了，母亲对这春天却不喜。经历了青春消逝，往事如烟，母亲何尝不清醒地认识到自己"黄卷青灯，美人迟暮"。

初试啼声就劈面惊艳！谁能想到这篇文章竟然出自一位年仅13岁的小女孩的手笔呢！美人迟暮，这种亘古以来时间切割红颜的永久命题，被尚且稚嫩的她描绘得如此细腻和透彻。

著名作家贾平凹评价张爱玲时说："她明显有曹霑的才情，又有现在人的思考"，因此，"与张爱玲同活在一个世上，也是幸运，有她的书读，这就够了"。足见张爱玲的才气！

灵魂起舞

项羽把耳朵凑到她的颤动的唇边，他听见她在说一句
他所不懂的话："我比较喜欢这样的收梢。"

《霸王别姬》

寻着张爱玲的旧迹，于上海鳞次栉比的高楼大厦间穿梭，
上海市长宁路 1187 号的东华大学长宁新校区静静坐落于城市一
隅，这是当年张爱玲读书的地方——旧日圣玛利亚女校。

那些穿着素色旗袍，围着纯色围巾，面容清秀的民国女生
已不复见，轻轨无声地游动在城市的道路，当年那"咔嗒咔嗒"
的电车声也早已随着岁月远逝。

全新的校园里，旧日圣玛利亚女校的主建筑还矗立在新校
区内，它是当时沪上最著名的美国基督教会学校。

1931—1937 年，张爱玲的中学生涯在此度过，当年，这所
女子贵族学校，出了许多名媛淑女，当红影星。

此校环境幽雅，治学严谨，全部课程分为英文和中文两部分，
英文部包括英语、数学、物理、西洋史、地理等科目，采用的
是英文授课，主要由英美学者担任教授；中文部包括国文、国史、
地理三项。担任教授的先生，初中以下是师范毕业的老小姐，

初中以上则多半是前清举人出身的老学究。

张爱玲在这样一所贵族学校读书，拥有极好的教育资源。

张爱玲读书期间，父母离异，继母进门。继母孙用蕃嫁入张家之前也是出身名门，只是到她这一代，家族已没落。当初她闻听继女与自己身材相仿，便将自己曾穿过的旧衣收拾了满满两大箱，带给继女穿，她是想以此亲近继女，拉近彼此之间的关系。

自小衣食无忧又对衣着有着非凡品位的爱玲怎能看得上那些款式、颜色都已过时的旧衣物？她想，母亲在家的时候，"有时候又嫌日子过得太快了，突然长高了一大截子，新做的外国衣服，葱绿织锦的，一次也没有上身，已经不能穿了……"

可是"在继母统治下生活着，拣她穿剩的衣服穿，永远不能忘记一件暗红的薄棉袍，碎牛肉的颜色，穿不完地穿着，就像浑身都生了冻疮；冬天已经过去了，还留着冻疮的疤——是那样的憎恶与羞耻。一大半是因为自惭形秽，中学生活是不愉快的，也很少交朋友"。

显而易见，张爱玲是不快乐的。张爱玲穿着"冻疮的肉"走在圣玛利亚女校校园的路上，自卑羞愧让她难以抬起头来，对继母强烈的怨恨也呼之欲出。

努力读书，毕业以后要以优异的成绩考到国外大学，离开阴霾的家庭，这是张爱玲内心巨大的动力。

校规苛刻，功课繁重，每年都有学生中途退学，但张爱玲在学校里却是学霸的存在。

更幸运的是，她遇到了对新文学极感兴趣、文学修养极高的汪宏声老师，他担任爱玲的国文教师。张爱玲曾说："中学时代的先生，我最喜欢的一位是汪宏声先生，教授法新颖，人又是非常好的，所以从香港回上海来，我见到老同学就问起汪先生的近况，正巧他不在上海，没有机会见到，很惆怅……"

新老师，新思路，汪老师与往日那些面目严正的先生不同，他不仅将课程修改，增加报刊订阅量，也很重视学生能够用本国语言发表文章、参加文学活动。

第一期作文课，汪先生立在讲台上，他捏着粉笔，大手一挥，黑板潇洒留下两个题目——"学艺叙""幕前人语"。

"学艺叙"顾名思义，就是把你们学琴唱歌的经过与感想写下来。

"幕前人语"即影评，就是把你们看电影后的感受写出来。当然，如果你们有另外的感想也可自由命题，题材不限。

汪宏声站在讲台上，讲完作文要求，台下学生一片唏嘘，曾经的老师无非布置一些"八股文"式的命题，大家习以为常，何曾吹过这样奇异的清风？

这些题目非常贴近学生实际生活，学生们写起来应该有话可说，但学生们还没习惯这样随意取材自由发挥式的写作，两节课下来，写得好的寥寥无几。

读着学生们交上来的作业，汪先生的眉头紧皱着，但一篇题目为《看云》的作文，内容写得潇洒流畅，辞藻瑰丽，在众多作文里，让人眼睛一亮。读罢，汪先生展眉微笑。

评讲作文时，汪先生将这篇《看云》当范文当众阅读，赞美之意溢于言表。他逐一点名领取作文本，坐在教室最后一排不起眼角落里的张爱玲走上讲台，领取作文，此时老师才注意到，写出如此惊艳作文的学生竟然是一位瘦骨嶙峋，穿着落时的宽袖旗袍，表情板滞的女生。他并不知晓，在他任张爱玲的老师之前，这位才华不凡、沉默寡言的瘦弱小女生早已在《凤藻》刊物上发表过几篇文章了。

自得汪先生的器重，早慧和敏感的张爱玲，更是任自己的灵魂自由起舞，将所见所闻所思所想，顺着笔端如泉水一般汩汩流淌着。

校园里人来人往，各有情趣所在，张爱玲却喜独自伏案耕耘。

高而清瘦的她，衣着简单，不苟言笑，沉迷书海，浑身透着文雅的书卷味。走在校园里的她，虽然不够美丽，但浑身散发的气韵，会使人不由自主为她回眸。

校刊成了她心灵的栖所，方寸天地，可书万里长空。

在圣玛利亚女校读书的六年时光，《迟暮》《秋雨》《论卡通画之前途》《心愿》《牛》《霸王别姬》纷纷上刊，张爱玲的大名，满校皆知。

张爱玲自从看了李世芳的《霸王别姬》，百感丛生，想把它写成一篇小说。曾经，她也写过，词句华丽，但如今却觉得那些当初认为动人的句子肉麻憎恶。

随着读书的广泛，思考的深入，对《霸王别姬》的理解也有了不一样的体验。她任自己的思绪自由流转。

她想，传统戏剧里，项羽是"江东叛军领袖"。虞姬是霸王背后的一个苍白的、忠心的女人。霸王即使一统天下，她做了贵妃，前途也未可乐观。

张爱玲以女子的心态揣摩虞姬的内心世界。彼时，战争当前，彼此相惜，"现在，他是她的太阳，她是月亮，反射他的光。他若有了三宫六院，便有无数的流星飞入他们的天宇"。

或许，每一个英雄背后的女人，在此时，都想一直这样相伴着，不要结束，不要安稳，不要从此使自己成为深宫里的一抹残月。

她仿佛成了那虞姬，替他巡营，在字里行间看着那个活生生的霸王，"他是永远年轻的人们中的一个：虽然他那纷披在额前的乱发已经有几根灰白色，并且光阴的利刃已经在他坚凝的前额上划了几条深深的皱痕，他熟睡的脸依旧含着一个婴孩的坦白和固执"。

英雄的男人，此时，在张爱玲眼里，回归本来面目。

四面楚歌声，楚地尽已失。霸王将提枪上马，做最后一场生死厮杀。

"虞姬，披上你的波斯软甲，你得跟随我，直到最后一分钟。我们都要死在马背上。"

大敌当前，虞姬微笑。她很迅速地将小刀抽出了鞘，只一刺，就深深地刺进了自己的胸膛。项羽冲过去托住她的腰，她的手还紧抓着那镶金的刀柄。项羽俯下他含泪的火一般光明的眼睛紧紧瞅着她。她张开她的眼，然后，仿佛受不住这样强烈的阳光似的，她又合上了它们。

项羽把耳朵凑到她的颤动的唇边，他听见她在说一句他所不懂的话："我比较欢喜这样的收梢。"

爱情的样子，在这里，被张爱玲写出了另一种姿态。

美人柔软的身体渐冷，英雄的泪已尽，他拔出插在她胸前的刀，在他的军衣上揩抹掉血渍。他，咬着牙，吩咐军曹，做拼死的战斗。仿佛一场盛大的好莱坞电影画风。

尘沙满天，血流成河……

张爱玲笔下的英雄美人，穿越古今，带着张爱玲独特的理解，血肉丰满，栩栩如生，仿佛前世英雄美人的一缕魂魄缠绕笔端。

《霸王别姬》这篇小说，张爱玲写得气魄雄豪，1937 年在校刊《国光》第九期上刊登，其行文技巧之成熟，令全校师生为之惊叹。

汪老师上课时大加赞赏。编者在"编辑室谈话"中也做了高度评价："爱玲君的《霸王别姬》用新的手法、新的意义，重述了我们历史上最有名的作品，说得上是一篇'力作'。"

很多人将虞姬看成一个悲剧殉情的角色，在张爱玲笔下，虞姬的死是为了实现自己的价值，多了一份理性色彩，她就是要表现一个清醒、自尊的女性形象。

张爱玲自己何尝不是这样一位女子？

她也在读书、写作中，让灵魂起舞，在内心深处寻找属于自我的价值。

她塑造出的虞姬，是一个美丽又自尊的女性形象，她在虞姬身上寄予的那种独立自主的女性性格，也正是自己一生都在追求的。那一年，她不过是一位 17 岁的花季少女，但她笔下作品的沉郁与厚重，已超乎想象。

当年圣玛利亚女校"荒烟蔓草的后园，后园里的小丘，星期日寂寞无人的盥洗室，宿舍没装纱窗，夏夜里，一阵阵的江南绿野气息从窗子里涌进来……"从张爱玲的文字里涌现出来，时光可以让许多东西消失，而过往那些景色、那些建筑、那些岁月，却一直都在，随着她的灵魂起舞，随着她的作品得以长存。

这，对张爱玲来说，也是最好的收梢。

命运之手

当真立在人行道上了！没有风，只是阴历年左近的寂
寂的冷，街灯下只看见一片寒灰，但是多么可亲的世界呵！
我在街沿急急走着，每一脚踏在地上都是一个响亮的吻。

——《私语》

17岁，对女孩子来说，是豆蔻年华。转眼，少女初长成；
转眼，将迎来花样年华；转眼，将可独立自主，有自己的公
民权了。

17岁的张爱玲，本以为中学毕业，父亲会顺利地给她钱，
让她继续读自己心仪的大学。

人生不如意十之八九，上帝轻轻挥动手掌，人生便又走向
另一条道路。

1937年夏，张爱玲从圣玛利亚女校毕业。在中学接受了各
种新式教育，拥有着自由民主思想的张爱玲，终于可以破茧成蝶，
振翅高飞了。

她对未来充满了梦想——那是毕业后出国读大学，她喜欢

英国，想要读英国的名牌大学。她说："我要比林语堂还出风头，我要穿最别致的衣服。周游世界，在上海有自己的房子，过一种干脆利落的生活。"

暮气沉沉的父亲，阴郁沉闷的家，严格管制都会从自己的生活中越离越远，英格兰伦敦的雾气和钟声，著名学府牛津、剑桥，或彬彬有礼的英国绅士，还有那久负盛名的伦敦塔、威斯敏斯特宫、布伦海姆宫、坎特伯雷主教堂……我来了。张爱玲对未来充满了憧憬。

张爱玲的母亲黄逸梵等这一天，也等了很久了。女儿中学快毕业时，她回国了。母女并不常见面，爱玲在自己生母面前，鲜有昵爱、娇情、饱含敬爱与友情。

母亲此次回国，是为女儿出国留学的事回来的。

母亲托人约张廷重谈女儿出国之事，张廷重避而不见。

这天，张爱玲知道母亲同父亲谈过，心里忐忑不安，她极想随母亲一起出国，只要父亲答应，一切就都顺理成章了。

张爱玲立在烟炕前，期期艾艾地将自己想去英国留学的想法说出来。父亲正倚在烟炕前吞云吐雾。

"可恶的留洋，可恶的新思想、新教育，你娘当初因此抛家弃子，现在，轮到你了。你这个忘恩负义的东西！"

当年，他眼睁睁地看着自己深爱的女人因此弃家弃他而去，而今，女儿也要重蹈覆辙，寻她母亲的足迹而去，他如何不恼？

张爱玲急欲辩解，可是，越急越是说得僵硬生冷。

母亲一再叮嘱过她："回去和你父亲说留学的事，无论他发多大的脾气，你都要忍着，不好顶撞的，经济大权可都在他的手里，你要是惹他气恼了，你的学业，你的前途，都没希望了。"

张爱玲深知其中的利害关系，越发急着想在父亲面前表白她的理想、她对新生活的向往与渴望，却越急越说得不够委婉，张廷重发怒了。

"你一定是受你妈的挑唆，这个家，你就这么不想待下去了？"

这时，继母也在一旁插话："你母亲离了婚还要干涉你们家的事。既然放不下这里，为什么不回来？可惜迟了一步，回来只好做姨太太。"

听继母这样说母亲，年轻气盛的张爱玲眼睛里冒出的火焰足以把继母烧焦，可是，她还是低下了头，转身出去了。

忍，只能忍，父亲只要不答应，读书的学费就没有。没有学费，还怎么出去留学？

1937 年 8 月 13 日，淞沪会战爆发。

隆隆的炮火日夜不停，社会动荡不安。前线战士以血肉之躯，筑成壕堑，拼死抵御外敌侵略，战争极为激烈，后方的百姓忧心忡忡。

这天，难以入睡的张爱玲向父亲说，家里整天听着炮火，无法安睡，她想去母亲那住一段时间。

张廷重抬抬眼皮，手中握着烟枪，没说什么。

张爱玲见父亲默许，兴奋地收拾东西，去了母亲的住处。母亲与她谈法国，谈海外，爱玲感到新奇而快乐。

两周后，张爱玲回来，继母见了张爱玲，便问："怎么你走了也不在我跟前说一声？"

"我向父亲说过了。"

她说："噢，对父亲说了！你眼睛里哪儿还有我呢？"

或许张爱玲的表情太过傲慢，"唰"的一声，一个巴掌落过来，张爱玲本能地要还手，被两个老妈子赶过来拉住了。

孙用蕃一路尖叫着奔上楼去："她打我！她打我！"

饭已在桌，百叶窗透着昏黄的光，餐室暗沉，金鱼缸里空荡荡的，白瓷缸上细细描出的橙红鱼藻都清晰地落入张爱玲的眼里。

张廷重趿着拖鞋，"啪嗒啪嗒"冲下楼来，一把揪住女儿，拳足交加，吼道："你还打人！你打人我就打你！今天非打死你不可！"

或许，父亲觉得女儿太过分了，一到家就挑衅后妈。

张爱玲被打得头左偏右倒，耳朵也震聋了。她跌坐在地下，又躺在地下了，父亲还揪住她的头发一阵踢。

终于被人拉开，她心里一直很清楚，记得母亲叮嘱的话："万一他打你，不要还手，不然，说出去总是你的错。"

父亲打完了，上楼去了，张爱玲立在浴室的镜子前，看着自己身上的伤，脸上的伤，心里冷冷的。她越发憎恨这个家。

她要立刻报巡捕房去。可是，走到大门口，被看门的警察拦住了，说："门锁着呢，钥匙在老爷那儿。"

撒泼、叫闹、踢门，企图引起铁门外岗警的注意，都没用。爱玲回到室内，张廷重更是生气，将一只大花瓶向她头上掷来，稍微歪了一歪，飞了一房的碎瓷。

一切平息了，从小带她的保姆何干看着张爱玲的伤势，边看边哭："你怎么会弄到这样的呢？"

两个人抱头痛哭，满腔冤屈，无处申诉。

次日，姑姑来说情，张廷重从烟铺上跳起来劈头打去，把姑姑也打伤了，进了医院，没有去报捕房，因为太丢家里人的面子了。

自此，张爱玲便被软禁起来。

这个家"像月光底下的，黑影中现出青白的粉墙，片面的，癫狂的"。

她的手紧紧捏着阳台上的木栏杆，仿佛木头上可以榨出水来。头上是赫赫的蓝天，那时候的天是有声音的，因为满天的飞机。她甚至希望有个炸弹掉在这个家，"就同他们死在一起我也愿意"。她恨恨地想。

张爱玲想了许多出逃的计划，《三剑客》《基度山恩仇记》一齐到脑子里来了。她想到《九尾龟》里章秋谷的朋友有个恋人，用被单结成了绳子，从窗户里垂了出来。可是这里没有临街的窗，唯独能从花园里翻墙头出去。靠墙倒有一个鹅棚可以踏脚，但是夜深人静的时候，惊动两只鹅，叫将起来，如何是好？

正在筹划出路，偏偏张爱玲又生了沉重的痢疾，父亲并不疼惜，亦不请医生替她瞧病，一病就病了半年。何干见她病情日重，恐生不测，悄悄将此事说与张廷重，并担心地说，若再不给她瞧病，恐怕有生命危险。张廷重也不愿背上"恶父"的罪名，背着继室给女儿打了几针抗生素，爱玲病情得以控制。

何干悉心调养，爱玲日渐康复了。

病中，爱玲躺在床上看着秋冬的淡青的天，看着对面的门楼上挑起灰石的鹿角，看着底下累累两排小石菩萨，岁月像静止不动了似的，她觉得自己仿佛是枯井里的一只孤蛙，跳不出家这口深深的井，她黯然地想："现在是哪一朝，哪一代……朦胧地生在这所房子里，也朦胧地死在这里吗？死了就在园子里埋了。"

即便如此，她也想方设法出逃。"等到可以扶墙摸壁行走，先向何干套口气打听了两个巡警换班的时间。在隆冬的晚上，伏在窗子上用望远镜看清楚了黑路上没有人，挨着墙一步一步摸到铁门边，拔出门闩，开了门，把望远镜放在牛奶箱上，闪身出去。"

终于，张爱玲成功地逃出了这个让她伤透了心的家。

当真立在人行道上了！没有风，只是阴历年左近的寂寂的冷，街灯下只看见一片寒灰，但是多么可亲的世界呵！我在街沿急急走着，每一脚踏在地上都是一个响亮的吻。

2016 年 9 月 30 日，张爱玲 96 岁诞辰之际，她的生前作品再一次"登上"《收获》杂志，这是一个长篇回忆散文《爱憎表》。

"我 17 岁那年因接连经过了些重大打击，已经又退化到童年，岁数就是一切的时候。我 17 岁，是我唯一没疑问的值得自矜的一个优点。"

《爱憎表》里还提到："整个人生就是锻炼，通过一次次的考验，死后得进天堂与上帝同在，与亡故的亲人团聚，然后大家在一片大光明中弹竖琴合唱，赞美天主。不就是做礼拜吗？学校里每天上课前做半小时的礼拜，星期日三小时，还不够？这样的永生真是生不如死。但是我快读完中学的时候已经深入人心，有点像上海人所谓'弄不落'了，没有瞻望死亡的余裕，对生命的胃口也稍杀。"

1938 年，命运把张爱玲送到了母亲身边，她开始复习书本知识，预备考伦敦大学。

母亲此时经济收入并不宽裕，多出一张人口，又要兼顾她的学费，日子窘迫。在事关女儿前程的大事上，黄逸梵不敢马虎。

她一心让女儿报考伦敦大学。为了能让女儿在考场上更有胜算，她替女儿请了英语老师，专门补习数学。每小时五美元的报酬，这对她来说是一笔不小的开支。

此时，张爱玲发奋苦读。在她看来，人生没有假设，不能回头。命定也罢，不测也好，在强大的命运面前，人只能被它的大手牵着、推着，一步步向前走，山高路远，举步向前就是了。

在读大学以后，张爱玲的好友炎樱也常引用一句谚语劝张爱玲："Life has to be lived." 大致可以译为"这辈子总要过的"。

张爱玲听着，本来好好的，却黯然良久。

　　经历诸多波折，总算是走出了那个在张爱玲看来阴郁寒凉的家，总算步入了大学的校门，还结识了一生最好的女友炎樱，友谊之手向她频频挥动。

第三章

相依为伴

　　人与人之间的友谊，也许正如《亲爱的安德烈》里说的："人生，其实像一条从宽阔的平原走进森林的路。在平原上同伴可以结伙而行，欢乐地前推后挤、相濡以沫；一旦进入森林，草丛和荆棘挡路，情形就变了，各人专心走各人的路，寻找各人的方向。"

炎樱

> 我的朋友炎樱说："每一个蝴蝶都是从前的一朵花的
> 鬼魂，回来寻找它自己。"
>
> ——《炎樱语录》

女子交友，情到深处，称之为"闺蜜"，顾名思义，闺房里好得蜜里调油的朋友。张爱玲也不例外，她也有这样一位特别要好、可以交心、无所不谈、百无禁忌的女友，陪她走过一段青春时光，为寂寥的生活添上浓厚的色彩。张爱玲的这位闺蜜就是炎樱。

1939年，她心中的出国梦仍没有破灭，她要学好英文，考出优异的成绩来获得奖学金，并争取抓住机会去英国留学。

为此，张爱玲不舍昼夜，发奋读书，她的努力没有白费，当时英国伦敦大学在上海设有考场，她以第一名的成绩考取了伦敦大学。

但此时，英国与法国联合起来向德国宣战，宣布暂停招收留学生，转由香港代为接收。张爱玲的英国梦破碎，无法入牛津大学深造，于是转入香港大学，开始了人生新的航程。她在前往香港的游轮上，认识了炎樱。

炎樱姓摩希甸，本名莫娅，是名混血，母亲是天津人，父亲是阿拉伯裔锡兰人，在上海经营珠宝店，《色戒》里描写的那家珠宝店，便是炎樱父亲的家业。

张爱玲眼中，炎樱是位可爱的姑娘，皮肤黝黑，身材娇小，五官分明。她乳丰臂肥，没有线条，时时都有发胖的危险，但她乐观直爽，对自己的身材不以为意，兴致勃勃地说："两个抱满怀胜过不满怀"。

女友的性格热情如火，如夏日火红的樱桃，张爱玲便为她取了中文名字炎樱，但炎樱不甚喜欢，还是自称"莫黛"。

"莫"是姓的译音，"黛"是因为皮肤黑，炎樱从阿部教授那里，发现日本古传说里有一种吃梦的兽叫作"獏"，就改"莫"为"獏"。炎樱说"獏"可以代表她的为人，而且云鬟高耸，本来也像个有角的小兽。

张爱玲觉得"獏黛"读起来不大好听，有点像"麻袋"。

有一次在电话里，"獏黛"这个名字又被人听错了当作"毛头"，炎樱便把名字改成"獏梦"。张爱玲觉得这个名字听上去像"獏母"。但她不预备告诉炎樱。反正炎樱这个名字，张爱玲觉得好，自己喊，炎樱懂就行了，炎樱就成了张爱玲对莫黛称呼用的专属名字。

在港大，两人同窗，同所有年轻姐妹一样，两人同进同出，亲密无间地看电影、逛街、买零食、谈学业、聊服装，彼此交换少女心事。

炎樱在报摊上翻画报，统统翻遍之后，一本也不买。报贩讽刺她说："谢谢你！"她理不直却气很壮地回答："不用谢！"

她去店里买东西，讨价还价，把钱包翻给老板看，说："你看，没有了，全在这儿了，余下二十块钱，我们还要吃茶去呢。专为吃茶来的，原没想到要买东西，后来看见你们这儿的货色实在好……"

"店老板为炎樱的孩子气所感——也许他有过这样的一个棕黄色皮肤的初恋，或是早夭的妹妹。他微笑地让步了。'就这样吧。不然是不行的，但是为了吃茶的缘故……'他告诉她附近哪一家茶室的蛋糕最好。"

张爱玲喜欢炎樱的机智，觉得她讨价还价里有着别样的狡黠。

炎樱总是口吐妙语：

"月亮叫喊着，叫出生命的喜悦；一颗小星是它的羞涩的回声。"

中国人有这句话："三个臭皮匠，凑成一个诸葛亮。"西方有一句相仿的谚语："两个头总比一个头好。"但炎樱说："两个头总比一个好——在枕上。"

她这句话是写在作文里面的，惊呆了看卷子的教授，因为教授是教堂的神父。

夏日的一天，两个人走在繁茂的花树下，炎樱认真地对爱玲说：

"每一个蝴蝶都是从前的一朵花的鬼魂，回来寻找她自己。"

　　张爱玲听着炎樱这句富有诗意和哲理的言语，感动不已。在她看来，炎樱是懂自己的，她不只是快乐的精灵，她更理解自己冷淡外表下那颗柔软的心。

　　还有一次，炎樱的一个朋友结婚，她去道贺，每人分到一块结婚蛋糕。他们说："用纸包了放在枕头底下，是吉利的，你自己也可以早早出嫁。"

　　炎樱说："让我把它放在肚子里，把枕头放在肚子上面罢。"

　　大家听得哈哈大笑，觉得炎樱的话有趣又充满道理。

　　对文字极为敏感的张爱玲，听到炎樱的各种既有趣又有哲理的话，忍不住会记下来。

　　张爱玲的散文《气短情长及其他》里有她，《双声》里很多篇章都有她。甚至，她还特地写了本《炎樱语录》来记录炎樱的言行。

　　炎樱热情大胆，爱玲矜持自重；炎樱神采飞扬，爱玲冷淡好静；炎樱聪慧善言，爱玲拘谨少语。两人的性格互补得恰到好处。

　　《传奇》再版时，炎樱给她画封面。

　　张爱玲说："炎樱只打了草稿。为那强有力的美丽的图案所震慑，我心甘情愿地像描红一样一笔一笔地临摹了一遍。"

　　彼此欢喜，彼此需要，青春少女，闺蜜之爱，是甜甜的棒棒糖，轻尝，便让人从舌尖甜到心里。

连张爱玲的结婚，嫁于胡兰成，虽然炎樱并不看好这段恋情，却还是做了他们的证婚人。

真正的朋友，是明了你一切缺点，却还能喜欢你，包容你，支持你的人。

时过境迁，不同的道路，不同的生活，不同的境遇，不同的思想，两人渐行渐远。

人生友谊，也许正如龙应台在《亲爱的安德烈》里对儿子说的："人生，其实像一条从宽阔的平原走进森林的路。在平原上同伴可以结伙而行，欢乐地前推后挤、相濡以沫；一旦进入森林，草丛和荆棘挡路，情形就变了，各人专心走各人的路，寻找各人的方向。"

毕竟一同走过，毕竟共同爱过，毕竟青春岁月，共同灿烂过，这便足够了。

围城惊梦

时代的车轰隆隆地向前开，我们坐在车上，经过的也许不只是几条熟悉的街衢，可在漫天的火光中也自惊心动魄。可惜我们只顾忙着在一瞥即逝的店铺橱窗里，找寻我们自己的影子——我们只看见自己的脸苍白渺小，我们的自私与空虚，我们恬不知耻的愚蠢，谁都一样，我们每个人都是孤独的。

——《烬余录》

《木兰诗》中写道："将军百战死，壮士十年归。"唐代杜甫在《春望》中有："国破山河在，城春草木深。感时花溅泪，恨别鸟惊心。"将战争给人们带来的苦难抒发得淋漓尽致。

战争使人类文明退步，社会财富消损，人民家破人亡、妻离子散。人类经过几千年的辛勤劳动和智慧积累创造的灿烂文明，一场战争便将其毁于一旦。

1941 年 12 月 7 日，日军偷袭珍珠港，次日，太平洋战争爆发。日寇的铁蹄终究没有放过我国香港这片土地。

港大校园的学子们，正临期末大考，远处轰鸣的炮火打乱了平静的一切。

与张爱玲同一宿舍的一个女生，家境殷实，时常出入不同社交场合。她极爱美，且善打扮，每有舞会或晚宴，必以不同行头亮相于大众眼前，博得惊艳。此时，她急急叫喊："怎么办呢？现在打仗，我穿什么衣裳才好呢？"那些宽大的裙，瘦身的旗袍显然不宜行动。

眼见她在一堆衣物里仓皇无措，好心的同学借给她一件宽大的黑色棉袍。虽不华美，逃难却是合适的行头。

与衣服有关的，还有一位叫苏雷珈的女生。她来自马来半岛一个偏僻小镇，五官美丽，身材瘦小，皮肤棕黑，"睡沉沉的眼睛与微微外露的白牙，像一般的受过修道院教育的女孩子，她是天真得可耻"。

之所以这样说，是因为她选了医科，在解剖人体之前，她还在为"被解剖的尸体穿衣服不穿？"向人打听，这在学校里成了出名的笑话。

这日，一颗炸弹落在张爱玲宿舍的隔壁，舍监匆匆督促学生们到山下躲避。生死关头，苏雷珈却急着把自己最显眼的衣服整理起来，"快走吧，命都要丢了，还整理这些衣裳做什么？"同学们急急地催促着，她还是在炮火下拖着那装满衣裳的累赘的大皮箱，随众人下了山。

袭击随时可到，宿舍最下层，是一间黑漆漆的箱子间。危险来临，大家便躲聚此处。张爱玲听着机枪"忒啦啦拍拍"，像荷叶上的雨。到处都是流弹，一不小心，市民们就会被流弹击中。

吃的菜，没人敢走到窗户前迎着亮洗，每人碗里的菜汤端在手里，可以看见满是蠕动的虫。

炎樱胆大，大家都怕死地躲着，她却冒死上城里去看电影，回宿舍后又独自在楼上洗澡，一颗流弹打碎了浴室的玻璃窗，她还在浴室里从容地泼水唱歌。

舍监听见歌声极为恼怒，她的淡定简直是对大家恐惧的一种嘲讽。

港大无法正常开课，学子不能上课，又无家可归，吃饭是个问题，大家便去参加守城工作，解决膳宿问题。

张爱玲也跟着一大批同学到防空总部去报名。刚领了证章出来，空袭又来了。

一群学生迅速从电车上跳下来，奔向人行道，缩在门洞子里。张爱玲想："自己刚当了防空员，就忙着躲空袭，是否尽了自己的责任？"

飞机飞走了，她抬头四下张望，"门洞子里挤满了人，有脑油气味的，棉墩墩的冬天的人。从人头上看出去，是明净的浅蓝的天。一辆空电车停在街心，电车外面，淡淡的太阳，电车里面，也是太阳——单只这电车便有一种原始的荒凉。"

此时，张爱玲心里很难过。

"竟会死在一群陌生人之间吗？可是，与自己家里人死在一起，一家骨肉被炸得稀烂，又有什么好处呢？"

这时，飞机又扑过来，有人大声发出命令："摸地！摸地！"

四下都是人，并无空隙让人蹲下地来。大家一个紧挨着一个，总算蹲下来了。飞机往下扑，砰的一声，就在头上。张爱玲把防空员的铁帽子罩住脸，眼前一片漆黑。过了好一会儿，大家直起身子，发现完好无损，炸弹落在对街。

受伤的人被抬进来，有人敲打身后的门。门里的人不敢开，在众人的叫喊下，终究开了门，躲避的人涌进来。不久，飞机远去，警报解除，每个人又奔着挤着轧上电车，唯恐赶不上。

同学们之间开始悄悄传递一个悲伤的消息："历史教授佛朗士被枪杀的消息。像其他的英国人一般，他被征入伍。那天他在黄昏后回到军营里去，大约是在思索着一些什么，没听见哨兵的吆喝，哨兵就放了枪。"

张爱玲心目中的佛朗士是一位豁达的人，也是一位优秀的教授。"他研究历史很有独到的见地。"

张爱玲心里感叹，一位好先生，一个好人就这样去了……

围城之时，城里各种设施又糟又乱。

炮火之中，她依然没忘记将《官场现形记》读完。书上的字印得小，光线不足，只能眯着眼睛仔细读，心里悲观地想："一个炸弹下来，还要眼睛做什么呢？——皮之不存，毛将焉附？"

围城的日子，让人度日如年，有望不到尽处的伤感。

张爱玲看看自己身边的同学，想想自己。又想想那回不了的家。

可是，等回去了，也许家已经不存在了。

房子被毁掉，钱转眼变成废纸，昨天还好好的人，可能就看不到今天的太阳了。越是如此，人越是要寻求一些踏实的东西。

1941 年 12 月 25 日下午三点十五分，香港沦陷。

现在，港大的学生宿舍变成了"大学堂临时医院"，张爱玲和她的许多同学被派去做看护。

优雅宁静的校园，挤满各色病人。断胳膊断腿的，流脓流血的，生着肺病的……洁净的世界被恶浊不堪包围。

那痛苦的呻吟声此起彼伏。

年轻的学子们无奈地穿行在这些病人之间，心情压抑。

张爱玲也是其中一位，以护士身份照顾病人。

夜里，张爱玲的同伴正在打瞌睡，她去烧牛奶，老着脸抱着肥白的牛奶瓶穿过病房往厨房去。她用肥皂去洗那没盖子的黄铜锅，手疼得像刀割，锅上腻着油垢。

这锅，工役们用它煨汤。病人用它洗脸。张爱玲把牛奶倒进去热。

战争期间，张爱玲虽然不能上课，但画画却没有耽误。她一直在继续练习绘画技巧，甚至连她自己也觉得画得好，一面在画，一面隐约知道："不久我会失去那点能力。从那里我得到了教训——老教训：想做什么，立刻去做，将来做也许来不及了。'人'是最拿不准的东西。"

"时代的车轰隆隆地向前开，我们坐在车上，经过的也许不只是几条熟悉的街衢，可在漫天的火光中也自惊心动魄。可惜我们只顾忙着在一瞥即逝的店铺橱窗里，找寻我们自己的影子——我们只看见自己的脸苍白渺小，我们的自私与空虚，我们恬不知耻的愚蠢，谁都一样，我们每个人都是孤独的。"

优秀的学业中途结束，虽为人生憾事，但这段经历，使她迅速成长，成熟起来。

战争之前，张爱玲有来自旧式家族苍凉的、悲哀的人生体验，虽然苍凉，但显薄淡。

而这场战争，为她上了一堂漫长且残酷的教育课。满目疮痍的世界里弥漫着无处不在的悲哀，丰富了她的阅历，也让她的思想更加深邃。

张爱玲将自己的经历完美地融入作品，《烬余录》《倾城之恋》里，无处不在的场景，无处不在的表白与反省，人物对自己战争中那份悲凉绝望的心理，她刻画得深刻极传神。

张爱玲在《倾城之恋》里写道："香港的陷落成全了她……一个大都市倾覆了。"

公寓记趣

　　我喜欢听市声。比我较有诗意的人在枕上听松涛，听海啸，我是非得听见电车响才睡得着觉的。在香港山上，只有冬季里，北风彻夜吹着常青树，还有一点电车的韵味。长年住在闹市里的人大约非得出了城之后才知道他离不了一些什么。城里人的思想，背景是条纹布的幔子，淡淡的白条子便是行驶着的电车——平行的，匀净的，声响的河流，汩汩流入下意识里去。

　　　　　　　　　　　　　　　——《公寓生活记趣》

　　"明月松间照，清泉石上流"，抑或"采菊东篱下，悠然见南山"，是无数人渴望的美好生活。多想做一回陶渊明，归隐田园，远离喧嚣，感受大自然的美好。

　　更多的时候，生活是需要一种质朴的浪漫，能够自在优雅，眷恋所在，便有快乐。

　　那些烦琐生活种种，以多元的因素拼成了生活所独有的意趣，正如张爱玲钟爱上海的市井。

　　1942 年 5 月，张爱玲与炎樱一同回到了上海。

战事纷纷，她们的学业并未完成。张爱玲那两个奖学金和"毕业后免费送到牛津大学读博士"的许诺也成了太阳下的彩虹，虽然七彩耀目，却只能望其兴叹。

此时，爱玲的眼眸浮掠过熟悉的建筑，她在灰蒙蒙的天空下寻找自己可以停靠的港湾。从父亲家逃出，那个家，如何也不会回去了，母亲如今亦在外国。姑姑的家，便成了张爱玲最可亲的去处。

矗立在上海赫德路一九二号的爱丁顿公寓，有姑姑在，便有了家的温暖。

自小，姑姑便一直待她如母。香港读书几年，姑姑也不曾与她断了联系。姑姑曾是留学归国的学子，身上也带着属于她的独特气质。

姑姑给张爱玲写信，用极薄的粉红拷贝纸，她的字迹娟秀，信纸透出一缕淡淡的幽香，张爱玲每展信细读，心中便觉温暖，那是姑姑的气息，家的气息。

还是那栋公寓，只是姑姑从五楼移至六楼，曾经代步的白色汽车已经卖掉，司机也打发走了。曾经那法国大厨，那能干的用人，也都辞退了。

当初，爱玲离开上海时，姑姑还在英商怡和洋行做事，日子优渥。上海沦陷后，洋行生意惨淡，大量裁员，姑姑也被裁掉了。又在电台工作了一段时间，后来去了大光明戏院做翻译。

贫富皆有时，姑姑淡看清贫，乱世之中泰然处之，安定生活。

她租的这间公寓虽然价廉，空间小，但室内设计温馨简洁，住着也是舒心欢喜。

张茂渊与张爱玲互相陪伴，生活过得有滋有味。

寒夜，张爱玲急急地要往床里钻的时候，姑姑取笑她"视睡如归"。写下来可以成为一首小诗："冬之夜，视睡如归。"

洗发时，张爱玲把水洗得乌黑，姑姑也会打趣："瞧你，好像头发掉色似的。"

姑姑曾经有一位年老唠叨的朋友，后不大往来，姑姑叹息："生命太短了，费那么些时间和这样的人在一起是太可惜——可是，和她在一起，又使人觉得生命太长了。"

姑姑伤春悲秋，对于人老糊涂，日子难挨，有自己的感悟。

张爱玲在姑姑家安住，享受着亲情之乐，不用考虑谋职，不必去想嫁人，与姑姑聊天，吃姑姑做的饭菜，常常在姑姑的唠叨声和楼下"克林，克赖，克林，克赖"的电车铃声中入睡。

姑姑也会生病，病后久未复原。她带一点嘲笑，说道："又是这样的恹恹的天气，又这样的虚弱，一个人整个地像一首词了！"

张爱玲听着，心生亲切，觉得喜欢。

沦陷时期，上海公寓的煤贵了，热水汀便成了纯粹的装饰品。放冷水开错了热水龙头，会听到一种空洞而凄怆的轰隆轰隆之声从九泉之下发出来。张爱玲觉得那是公寓里特别复杂，特别担心热水管系统在那里发脾气。

梅雨时节，门前积水深，雨下得太大，屋子里便闹了水灾。张爱玲和姑姑拿着旧毛巾、麻袋、褥单堵住窗户缝，不一会儿那些障碍物濡湿了，两个人不停地绞干，换上，污水折在脸盆里，脸盆里的水倒在抽水马桶里。

雨过去了，手心也磨去了一层皮。墙根汪着水，糊墙的花纸染了斑斑点点的水痕与霉迹。

高楼的雨，若不与风相遇，颇为可爱。一日，张爱玲与姑姑皆外出，正值落雨，家中忘记关窗，归来，打开门，房内风声雨味，放眼望出去，屋外则是碧蓝潇潇的夜，远处略有淡灯摇曳，多数的人家并未点灯。

在简陋的公寓生活，虽然艰苦，张爱玲却认为是自己理想的栖居地。

生活不限于眼见，更在于所得。她偏爱小公寓里的书房，钟情阳台上的向日葵……所有的意趣都藏在这一空间中。

我喜欢听市声。比我较有诗意的人在枕上听松涛，听海啸，我是非得听见电车响才睡得着觉的。在香港山上，只有冬季里，北风彻夜吹着常青树，还有一点电车的韵味。长年住在闹市里的人大约非得出了城之后才知道他离不了一些什么。城里人的思想，背景是条纹布的幔子，淡淡的白条子便是行驶着的电车——平行的，匀净的，声响的河流，汩汩流入下意识里去。

张爱玲记录下了她认真优雅的生活。她以为，生活的意趣因人而定。与姑姑生活的这间公寓，私享生活意趣，揽尽人生繁华。

开电梯是老式上海公寓的一种生活服务方式，具有无穷尽的生活气息。张爱玲乘电梯，总会遇到开电梯的人，知书达理，有涵养。对于公寓里每一家的起居他都有一本清账，也有着严重的缙绅气质，看不起电车售票员的他却跑不出两间小屋。张爱玲赞赏其懂礼仪，有风度，却又认为他是位目光短浅的愚人。

开电梯的人知书达理，爱读报，但"报纸没人偷，电铃上的钢板却被撬去了"。张爱玲将公寓里生活美好的一面呈现的同时，并不忘记诚实地将那些素质低的人的一面也公平地记录下来。

这一切都是组成公寓生活的部分。

公寓生活优劣与否，张爱玲坦然接受，融入如此生活常态，生活方显有滋有味。

当年，自己生活都有用人照顾，公寓虽不能与大家庭的庭院相比，但却是一个私人的空间。在公寓里"居家过日子"较为简单，大扫除找清洁公司的人前来打扫，吃饭时无人静立一旁注目，等候添饭。看不到田园里的茄子，到菜场上去瞧即可，且能看到更多。

"油润的紫色；新绿的豌豆，热艳的辣椒，金黄的面筋，像太阳里的肥皂泡。把菠菜洗过了，倒在油锅里，每每有一两片碎叶子粘在篾篓底上，抖也抖不下来，迎着亮，翠生生的枝叶在竹片编成的方格子上招展着，使人联想到篱上的扁豆花。其实又何必联想呢？篾篓子的本身的美不就够了吗？"

张爱玲不否认用人可以解决米缸有虫等一系列问题，但她不选择。

公寓是最理想的逃市之处。

"乡下多买半斤腊肉便要引起许多闲言碎语，而在公寓房子的最上层，你就是站在窗前换衣服也不妨事。"

这是公寓隐私保护方面的好处，即给了个人足够的私人空间。张爱玲看待生活隐私用打趣的说法，"人类天生爱管闲事……长的是磨难，短的是人生"。何必斤斤计较？

公寓周边的人，也无须过于苛责，彼此私生活没有损失又何必斤斤计较？张爱玲用一颗宽容和容纳的心，去接受公寓的一切，也接受平常人的平常生活，她自己懂得幽默的公寓态度就好！

姑姑淡然和沉稳，如同能够承受和包裹万物的泥土，给她一种安心的力量。"乱世的人，得过且过，没有真的家，然而对于姑姑的家却有一种天长地久的感觉。"

奇装异服

> 对于不会说话的人，衣服是一种言语，随身带着的一种袖珍戏剧。
>
> ——《童言无忌》

莎士比亚说："衣裳常常显示人品。"又言："如果我们沉默不语，我们的衣裳与体态也会泄露我们过去的经历。"麦克卢汉在他的代表作《理解媒介——人的延伸》服装一章中阐述道：作为从古到今的 26 种媒介之一，服装以最直观的方式传达着关于一个人所处的时代，他所属的民族，以及他的性别、社会地位、财产、教养等的信息。

张爱玲对衣裳的品位也有自己独特的理解。她不是"天生的穿衣高手"，对于时尚最高境界中表现出的"状似随意"却别出心裁的着装打扮，她做得显然不够，她以自己独特的审美情趣穿出属于自己独有的个性。

少时张爱玲的衣品深受母亲影响。母亲是一位"穿衣"高手，且喜爱做衣服。儿时的爱玲，时常目睹母亲立在镜前，在绿短袄上别上翡翠胸针，她在旁边仰脸看着，羡慕万分，自己简直等不及长大。她眼中母亲的衣裳或深或浅，大都是蓝绿色。

在《对照记》中，张爱玲曾记述母亲给她儿时照片涂色的过程和感受："她把我的嘴唇画成薄薄的红唇，衣服也改填最鲜艳的蓝绿色，那是她的蓝绿色时期。"母亲的色彩喜好，也影响着张爱玲，她一生对"蓝绿色"情有独钟。

张爱玲曾说："8岁我要梳爱司头，10岁我要穿高跟鞋，16岁我可以吃粽子汤团，吃一切难于消化的东西。"

自幼耳濡目染，张爱玲对衣服的热爱有增无减，越是性急，越觉得日子太长。童年的一天一天，温暖而迟慢，如老棉鞋里面，粉红绒里子上晒着的阳光。

青春期，她缺少母亲陪伴，常着继母旧衣，内心极为压抑，侉气的服饰梦，直到自己在上海成名之后才得以实现，一旦爆发就不可收拾，她成为"衣服狂"。

一日，张爱玲一个朋友的哥哥结婚，她穿着前清老式绣花袄裤去贺喜，满座宾客皆为之惊奇，后来与张爱玲交恶的潘柳黛不无醋意地写道："（张爱玲）为出版《传奇》，到印刷厂去校稿样，穿着奇装异服，使整个印刷厂的工人都停了工。"

别人眼中奇装异服，张爱玲视之为一种语言，可表达自己，亦可彰显自我。她坦然直言："我既不是美女，又没什么特点，不用这些来招摇，怎么引得起别人的注意？"

她住着公寓，买衣服则喜去上海虹口。那里有日本人开的店铺，衣裳色彩繁多。店内衣料都似古画般卷成圆柱形，若看里面花色，则让店伙一卷一卷慢慢地打开，看不中意，有时不买，一卷一卷打开的面料将店铺搅得稀乱，自己也难为情。

她喜欢做鲜艳的衣料，图案耀目，仿佛一件就是一幅图画。

每次衣料买至家中，尚未成衣之前，自己常常拿出赏鉴：

那棕榈树的叶子半掩着小庙，雨纷纷落在红棕色的热带；初夏的池塘，水上结了一层绿膜，漂着浮萍和断梗的紫的白的丁香，仿佛应当填入《哀江南》的小令里；还有一件，题材是"雨中花"，白底子上，阴戚的紫色的大花，水滴滴的，把这些布料做成线条简单的中国旗袍，予人的印象较为明晰。

一次，张爱玲看中一件衣料，橄榄绿的暗色绸，上面掠过大片黑影，满蓄风雷。还有一种丝质的日本料子，淡湖色，闪着木纹，水纹，每隔一段路，水上漂着两朵茶碗大的梅花，铁画银钩，仿佛中世纪礼拜堂里的五彩玻璃窗画，红玻璃上嵌着沉重的铁质沿边。这衣料给她一种别致的惊艳和美感，她没买，心里将布料记着，引为憾事。

年轻的张爱玲，喜欢浓烈的颜色，像自己刚刚开始的浓烈青春。

市面上最普遍的青不青、灰不灰、黄不黄的面料，她着实不喜，只觉那些颜色可做背景，都是中立色，也可称之为保护色、混合色。但无论如何，她总嫌着色不够强烈。

她并不太爱说话，希望通过衣服来表达自我。

> 对于不会说话的人，衣服是一种言语，随身带着的一种袖珍戏剧。

23 岁的张爱玲说"生活的戏剧化是不健康的"，然而人生再恒常安稳也逃不过一个从生到死，从初生、成长、顶峰、衰老的戏剧性演变，就用着装来大胆表达吧。

张爱玲展露自己衣品的时尚观，不流于俗，不顾议论，随心所欲为自己的着装进行独特创造。

张爱玲喜欢大红大绿的色彩，拼命地追求色彩的"鲜艳"。

1943年始，张爱玲写作一举成名，在上海滩红得发紫，又遇胡兰成，恋情中浓情蜜意，张爱玲说："我小的时候没有好衣服穿，后来有一阵拼命穿得鲜艳，以致博得'奇装异服'的'美名'。"

青春的底色里，一度，张爱玲的穿着惊艳整个上海滩，连大街上玩耍的小孩，都会指着张爱玲说："看，她是张爱玲。"

她穿着"最刺目的玫瑰红印着粉红花朵，嫩黄绿的叶子"印在"深紫或碧绿地上"，这种"乡下只有婴儿穿的"广东土布，"自以为保存劫后的民间艺术，仿佛穿着博物院的名画到处走，遍体森森然飘飘欲仙，完全不管别人的观感。"

她颇为珍视的服饰杰作是一条裙子。这块米色薄绸上洒淡墨点，隐着暗紫凤凰，出自她祖母的一床夹被的被面。

这块被姑姑郑重拆下来保存的面料按照炎樱的设计做成一件连身裙，搭配着一双白色的鱼嘴鞋在一个节日被她郑重地穿在了身上。张爱玲很喜欢这条裙子："很有画意，别处没看见过类似的图案。"

胡兰成第一次去张爱玲的房间，被里面的层次互动的色彩惊到了。

"她房里竟是华贵到使我不安……一种现代的新鲜明亮断

乎是带刺激性……张爱玲今天穿了宝蓝绸袄裤，戴了嫩黄边框的眼镜，越显得脸儿像月亮。"

张爱玲也有开服装店的梦想，设计的衣服款式是墨绿旗袍，双大襟，周身略无镶滚。桃红缎的直脚纽，较普通的放大，长三寸左右，领口钉一只，下面另加一只作十字形。双襟的两端各钉一只，向内斜，整个的四颗纽扣组成三角形的图案，使人的下颌显得尖，因为"心脏形的小脸"，穆时英提倡的，也是一般人的理想。

本来的设计是，附带的还有一种桃红的 Bolero。桃红墨绿这配色放到现在也着实胆大。张爱玲最著名的代表照片是 1954 年她住香港英皇道时，由宋淇的太太文美陪着去街角的兰心照相馆拍的。

33 岁的张爱玲，身着绲边掐腰七分袖的中式夹袄，一手背后，一手叉腰，下巴微抬，睥睨远方。那件散发着绸缎"低调奢华"光泽的夹袄，以及贴在耳垂上的两粒光亮闪闪的首饰，煌煌地衬托出一种世俗标准的贵气。

生活里是"衣服狂"，作品里更是"衣服狂"，《更衣记》里，张爱玲不无哲理地写道："各自生活在各自的衣服里"，服饰是张爱玲用来表达自我的方式，更是张爱玲用来讲故事的方式。葛薇龙、梁太太、白流苏、王娇蕊、曹七巧、郑川娥，包括张爱玲自己，都在借着衣饰，讲述着自己一生的繁华与苍凉。

她相信当人无力改变大时代的动荡时，只能缜密地去创造他们贴身的环境——各人住在各人的衣服里，各自打理。

张爱玲用衣服演绎人生的"活色生香"，将服饰与传统的东方文化完美地结合，不流俗，不噱头，那感性的叛逆，神秘的优雅，雕塑出自己十足的个性。

暮年的张爱玲，渐趋淡然；对于色彩的喜好，也铅华洗尽，归于素朴。

张爱玲的一生，奇异的着衣风格，一如她的文字，给当时文坛以及时尚界增添了一抹艳异的色彩。

第四章

惊鸿之见

　　"张爱玲"三个字在上海几乎是家喻户晓，妇孺皆知。她毫无准备地红了起来，一红冲天，不可收拾，如同她笔下的杜鹃花，"那灼灼的红色，一路摧枯拉朽烧下山坡子去了"，从墙里烧到墙外，烧红了孤岛的天空。

文坛传奇

　　呵，出名要趁早呀！来得太晚的话，快乐也不那么
痛快。

——《传奇》再版的话

　　"笔底烟霞弥漫，满胸家国情怀。"以写哀伤爱情享誉 20
世纪二三十年代中国文坛的周瘦鹃，是"画蝴蝶于罗裙，认鸳
鸯于坠瓦"的鸳蝴派"五虎将"之一（其余四位是张恨水、包
天笑、徐枕亚、李涵秋）。

　　张爱玲对"周瘦鹃"的大名极为熟悉。儿时，父亲是周瘦
鹃的忠实粉丝，那暗沉的旧宅书房里，《恨不相逢未嫁时》《此
恨绵绵无绝期》等哀婉清丽的爱情小说，曾在爱玲的童年留下
朦胧记忆。

　　张爱玲在《泰晤士报》上写了一些影评、剧评，虽然短小
却颇有见地，受部分读者和报界人士关注。

　　《二十世纪》是上海极有名的综合性刊物，很快就发现了
张爱玲，并刊载她的一篇长篇散文《中国人的生活与服装》，
近万字，占近八页篇幅，并附张爱玲所绘 12 幅发型及服饰插图，

可见张爱玲的文章在该刊受器重的程度。

《二十世纪》连续发表张爱玲多篇文章，使得张爱玲在写作方面，信心倍增。

张爱玲除用英文写作之外，已经开始涉足小说创作。

可是，小说写好了，又怎么办呢？

虽然张爱玲不擅长交际，但得给自己的小说寻找一个可以刊登的地方，她开始四处结识各刊主要人士。

周瘦鹃正在筹备《紫罗兰》杂志的复刊，为找不到得力的作者而苦恼着。张爱玲恰在一个春寒料峭的上午前来拜访。

张爱玲眼中的周瘦鹃身形瘦长，着长袍，脸亦清瘦，不过头秃了，戴着个薄黑壳子假发。

那是因为周瘦鹃在中学毕业的前一年，得过一场大病，病愈后头发眉毛全部脱光。头上可以戴假发冒充，眉毛则不便效女子画眉。于是他戴上一顶宽大的黑色帽子，再架上一副特大的墨晶眼镜，帽子与眼镜上下相挤，他的无发无眉，也就不易惹人注意了。

那日，张爱玲手持她母亲的故交岳渊老人的推荐信，权作敲门砖。

此时，周瘦鹃正懒洋洋地待在紫罗兰庵里，望着案头宣德炉中烧着的一枝紫罗兰香袅起的一缕青烟在出神。

他的小女儿像一只可爱的小蝴蝶似的急匆匆赶上楼来，拿一个挺大的信封递给周瘦鹃。

周先生拆信读之，原来是黄园主人岳渊老人（辟园于沪西高安路，著有《花经》一书行世）介绍一位女作家张爱玲女士前来，与自己谈小说之事。

周瘦鹃忙不迭赶下楼去，他见客座中站着长身玉立的张爱玲。

张爱玲微微向他鞠躬，周瘦鹃答礼，招呼她坐下。

面对这位前来拜访的女子，自然是关于文学的。周瘦鹃随意地问：“你从前写过些什么？”

“给《泰晤士报》写过些剧评影评，也给《二十世纪》杂志写过一些文章；中文的作品，从前给《西风》写过一篇《天才梦》；最近才又重新开始中文写作，写了两个中篇小说，是讲香港的故事，想请教老师。”

她将随身带的纸包打开，是两本稿簿，双手捧着恭恭敬敬地奉上。

周瘦鹃看那标题《第一炉香——沉香屑》，觉得别致，赞道：“有味。”

又说：“不如把稿本先留在我这里，容细细拜读。”

此次见面，相谈甚欢，不知不觉一个多钟头过去，张爱玲方作别。

老人从张爱玲的言谈举止中感到这位女子的清贵之气以及言语之间的才华，晚饭后，便开始细读张爱玲留下的书稿。

奇美诡谲的文字香气四溢，周瘦鹃为之惊叹。

张爱玲再次拜访时，周先生告诉她，《紫罗兰》复刊，自己决定把这“两炉香”在《紫罗兰》上发表。

张爱玲心中十分欢喜。回到家中，她向姑姑说起谒见周先生的过程，姑姑也笑了：“周先生是名人呢，肯这样对你，也的确难得，该好好谢谢人家，请他来家喝顿茶可好吧。可也是我的偶像呢，他的文章我是读过许多的。"

张爱玲当晚便又至周家，盛邀周瘦鹃及师母"光临寒舍"。时隔不久，周瘦鹃便拿着《紫罗兰》的样本亲自登门了——夫人因为家中有事，未能同来。

"茶会"清淡精致，张茂渊和张爱玲姑侄以牛酪红茶待客，甜咸俱备的西点陪衬，雪白瓷碗内，血红茶汁上浮着白而轻的奶酪，一点点化开，如云雾缭绕，那是一种心境。

他们谈文学，也谈园艺，谈张爱玲曾发表的文章。

上海文坛的 1943 年、1944 年被称为"张爱玲年"。

《第一炉香》连载未完，她的才情已经引起了整个上海滩的注意；《第二炉香》的发表，更是鲜花着锦，烈火烹油；接着是《茉莉香片》《心经》《倾城之恋》《琉璃瓦》《封锁》《金锁记》……

张爱玲的名字天女散花一般出现在上海各大报纸杂志上。

《杂志》《万象》《古今》《天地》……当时在上海颇有名气和分量的杂志，张爱玲都轻而易举地占据重要位置。

她的名气，如烟花腾空而起，璀璨了上海的一大片夜空。

张爱玲以冷眼慧心俯瞰人间，用一双隔绝人间烟火的纤纤素手轻轻撕开芸芸众生为之颠倒反复的红尘，直指他们无从觉察、无从抵达的人性深处。

此时，张爱玲不过是 23 岁，正值青春年华，铺天盖地而来的成功对年轻的她来说，来得太快了，快得让她始料不及。

很快，张爱玲的第一本小说集《传奇》由上海《杂志》社出版发行。

自己的书真的要出版了！张爱玲喜不自胜。甚至，她有些难以置信。

这天，她穿着宽袍大袖老古董的服装，到印刷厂去。袅袅婷婷的身影，年轻的脸，奇怪而又鲜明的装束，让印刷厂的工人不由自主地都停下了手里的活儿，看直了眼睛。

张爱玲也会一时兴趣，穿起西装，把自己打扮成18世纪的少妇。穿街过巷到好朋友家里去，一巷子的小孩儿见这奇怪装束的女子，纷纷跟在她身后，嚷嚷着："嘻，张爱玲来了，张爱玲来了。"

爱玲也不气恼，依旧旁若无人地笑着一路走过去。

这是怎样的快乐。自由的生活，自由的作文，自由的赚钱，自由的穿着。

文字上的惊艳须得由着衣打扮来配它，灰暗的童年少年时代终究过去，压抑的岁月终究过去，张爱玲可以自由地疯长了。

呵，出名要趁早呀！来得太晚的话，快乐也不那么痛快。

人生得意须尽欢，花开不负盛景时，快乐来得这么实实在在，《传奇》出版上市后四天就一销而空，继而再版。这在当时的上海文坛乃至整个中国文坛都堪称奇迹。

《传奇》为张爱玲带来了生命中一段最绚烂的传奇。

文字圈之外，张爱玲也成了上海社交界的名人。梅兰芳访沪，她去了。朝鲜舞蹈家崔承喜来访，她去参加座谈。

张爱玲特立独行，招摇过市，给普通读者带来的是一片惊艳羡慕，却引起一些关注她的文学前辈的关心。

傅雷、郑振铎、王统照、周予同等人，都为这位文坛新人的出现而欣喜——少年老成，出手不凡，是文坛鲜见的奇才，但他们又在隐约中替张爱玲担忧。

当时的上海文坛环境复杂、清浊难分，他们担心红极一时的张爱玲被一些居心不良的人利用，走入歧途，那将是文坛的一大损失。

张爱玲毫不回避自己的想法：出名要趁早哇！

她想想自己的两篇文章最初在校刊上刊登，也是发了疯似的高兴着，自己读了一遍又一遍，每一次都像是第一次见到。

现在已经没有那么容易兴奋了。所以更加要快，快！快！迟了来不及了，来不及了。

"个人即使等得及，时代是仓促的，已经在破坏中，还有更大的破坏要来。有一天我们的文明，不论是升华还是浮华，都要成为过去。如果我最常用的字是'荒凉'，那是因为思想背景里有这惘惘的威胁。"（张爱玲《传奇》再版序言）

那份更大的破坏是什么？

张爱玲隐约有着一种感觉，但说不清道不明，所以，不去深究。

盛名之下，她感受这份急匆匆的，有点像做梦似的成功。或许，这些梦，说醒就醒了，命运如此无常，如此难以把握，那些名利，那些喜悦，是盛极便衰的花，将会走向败落。

　　"张爱玲"的名字，上海几乎是家喻户晓，妇孺皆知。她毫无准备地红了起来，一红冲天，不可收拾，如同她笔下的杜鹃花，"那灼灼的红色，一路摧枯拉朽烧下山坡子去了"，从墙里烧到墙外，烧红了上海的天空。

朋友苏青

> 苏青是乱世里的盛世的人。她本心是忠厚的，她愿意
> 有所依附；只要有个千年不散的筵席，叫她像《红楼梦》
> 里的孙媳妇那么辛苦地在旁边照应着，招呼人家吃菜，她
> 也可以忙得兴兴头头。
>
> ——《我看苏青》

罗兰说："友谊是一种相互吸引的感情，因此它是可遇而
不可求的。"钱钟书言："人之间的友谊，并非由于说不尽的好处，
倒是说不出的要好。"

或许，这种要好，在于人之相知，贵在知心。这种要好，
或亦如伯牙绝弦，其情可鉴。

对张爱玲来说，平生知心者，屈指数苏青。

择友条件苛刻的张爱玲与苏青一见如故，在历来文人相轻
的大氛围里，这段相知相惜的友情着实令人羡慕。

较之张爱玲文坛初涉，苏青算是文坛前辈。她本名冯允庄，
1914年出生于浙江宁波城西浣锦乡富有家庭，祖父是举人，家
有良田千亩，门前浣锦桥下流水潺潺，故，她出版的散文集叫《浣

锦集》；至于《结婚十年》，则是一部自传体小说，讲述她从恋爱到结婚、产子、婚外恋情、离婚、分家、终于自立的亲身经历。

《结婚十年》一经出版，文坛哗然，毁誉参半，半年内再版九次，大有洛阳纸贵之势，而她也从此得了个"大胆女作家"的头衔。

张爱玲与苏青结缘，皆因文字。

1943 年 10 月 10 日，苏青担任主编的《天地》创刊，地址在爱多亚路（今延安东路）160 号 601 室，她在发刊词里写着："天地之大，固无物不可谈者，只要你谈得有味道……最后，我还要申述一个愿望，便是提倡女子写作，盖写文章以情感为主，而女子最重感情"。

这样一篇发刊词，不仅写出了刊物的定位，也写出了刊物对女作家作品的欢迎。

当时《天地》作者阵容十分强大，从元老级的周作人到初露头角的施济美都有约稿，张爱玲此时红遍上海，苏青自然不会忽略她。

不久，苏青写给张爱玲的一封约稿信开篇即云："叨在同性……"

张爱玲与苏青不曾谋面之前，她读过苏青写的书，无论是小说还是散文，苏青都有自己的独特之处。

苏青发在《天地》创刊号上的散文《论言语不通》："言语不通自有言语不通的好。第一，言语不通就不会得罪人；这又可分开两方面来讲：一方面是因为你自己说不通就不爱多说，不多说便不会多错；一方面是即使你说错了人家也听不懂，即使听懂了也会因彼此言语不同而原谅你……"这篇散文处处有哲思，又直爽，张爱玲读起来便觉得精彩。

张爱玲欣然应约，写了《封锁》这部小说，很快便被《天地》月刊的创刊号刊出。

两人渐熟，但极少见面，对苏青的文章，张爱玲给了极高的评价："低估了苏青的文章的价值，就是低估了她的文化水准。如果必须把女作者特别分作一栏来评论的话，那么，把我同冰心、白薇她们来比较，我实在不能引以为荣，只有和苏青相提并论我是甘心情愿的。"

此时的苏青与张爱玲，被誉为"上海文坛上最负盛誉的女作家""目前最红的两位女作家"。

她们彼此欣赏，张爱玲觉得，自己懂苏青，甚于苏青懂她。苏青对她更多的是推崇，她对苏青则是懂得。

在张爱玲眼中，苏青是一个标准的女人，女人的弱点她都有，她很容易就哭了，多心了，也常常不讲理。

一次对谈会里，开始时苏青发表了一段关于妇女职业的意见。《杂志》方面的人提出了一个问题，说："可是——"

苏青凝思了一会儿，脸色慢慢地红起来，忽然有一点生气，说："我又不是同你对谈——要你说我做什么？"

大家哄然笑了，她也笑。张爱玲见苏青这样孩子气，觉得非常可爱。

张爱玲看苏青，很有些中国风的味道。以至于张爱玲想：将来，我要有一间中国风的房子，雪白的粉墙，金漆桌椅，大红椅垫，桌上放着绿豆糯米糍的茶碗，堆得高高的一盆糕团，每一只上面点着个胭脂点。

中国的房屋有所谓"一明两暗"，张爱玲说她自己所描述的，当然是明间，而这整个明亮的屋子，就有一点苏青的空气。

苏青要做一件黑呢大衣，让炎樱帮着看看，三个人同去时装店。

炎樱说："线条简单的于她最相宜。"把大衣上的翻领首先去掉，装饰性的褶皱也去掉，方形的大口袋也去掉，肩头过度的垫高也减掉。最后，炎樱把前面一排大纽扣也要去掉，改装暗扣。苏青起初一直听着，此时她用商量的口吻："我想……纽扣总要的吧？人家都有的！没有，好像有点滑稽。"

张爱玲两手插在雨衣口袋里，在旁边笑了起来。此时，镜子上端的一盏灯，有强烈的青绿的光正照在苏青的脸上，苏青下面衬着宽博的黑衣，在灯光下面的背景也是影影幢幢的，脸便更加显醒目，在灯下更显惨白。

苏青难得这样静静立着，在镜中端详自己，微笑着，从来没这么安静。

张爱玲看着安静的苏青，那紧凑明倩的眉眼里有一种横了心的锋棱，使她想到"乱世佳人"一词。

苏青是乱世里的盛世的人。她本心是忠厚的，她愿意有所依附；只要有个千年不散的筵席，叫她像《红楼梦》里的孙媳妇那么辛苦地在旁边照应着，招呼人家吃菜，她也可以忙得兴兴头头。

爱玲看苏青，一眼看到底，她与苏青说话，句句入心，让苏青的心坎儿上又暖又微疼着。

苏青的家族观念很重，对母亲、对弟妹、对伯父，她无不尽心帮助，即使出于她的责任范围之外。在这不可靠的世界里，想要抓住一点熟悉可靠的东西，那还是自己人。她疼小孩子也是因为"与其让人家占我的便宜，宁可让自己的小孩占我的便宜"。

张爱玲知道苏青母亲在故乡独自生活，弟弟生肺病，妹妹也有问题，苏青有着许许多多牵挂，仍然活得兴兴头头，热烈积极，爱玲对她，心里很是怜惜。

又见她一个人办着一份杂志，集策划、编务、发行于一身，她即使如此忙碌，也没有放下自己的笔，依然写着小说，写着散文，成绩斐然，张爱玲对苏青更有敬重。

张爱玲想到古代美人，杨贵妃像一把陶瓷的汤壶，温润如玉的，在脚头，里面的水渐渐冷去的时候，令人感到温柔的惆怅。而她心中的苏青却是个红泥小火炉，有自己独立的火，看得见红艳艳的光，听得见哔哩剥落的爆炸，可是比较难伺候，添煤添柴，烟气呛人。

苏青有性格，又独立，有能力，以至于，张爱玲想到曾见过的一幅画：老女仆，伸手向火，身上的冷气却要把火炉吹灭，而她眼里的苏青，一如火炉，整个的社会到苏青那里去取暖，拥上前来，扑出一阵阵的冷风——真是寒冷的天气呀，从来，从来没这么冷过！

彼此懂得，彼此欣赏，有一次两人聊天，张爱玲对于苏青的话，不能立刻懂。但她对苏青说："我是这样的一个人，有什么办法呢？可是你知道，只要有多一点的时间，随便你说什么我都能够懂得的。"

苏青回答她："是的，我知道——你能够完全懂得的。不过，女朋友至多只能够懂得，要是男朋友才能够安慰。"

苏青这一类的隽语，张爱玲起初听上去感觉有点过分，可笑，仔细想来却是非常的真实。对于苏青精彩的议论，张爱玲让苏青写下来，苏青却觉得这种话，是不好写出来的，闺蜜之间开开玩笑也就罢了。

苏青觉得张爱玲说可以写，大约不至于触犯了非礼勿视的人们。隔不了几天，那些精彩语句便在她的文章里出现。张爱玲对此觉得很荣幸。

两个女子之间的交往，既淡如水，又浓似醴，狎而昵，亲而疏。

在文学方面，一直都是彼此支持，彼此欣赏。

1944 年 1 月 10 日，《天地》第四期发表张爱玲的散文《道路以目》，苏青为之写《编者的话》："张爱玲女士学贯中西，曾为本刊二期撰《封锁》一篇，允称近年来中国最佳之短篇小说。在三期刊载《公寓生活记趣》亦饶有风趣。本期所刊《道路以目》尤逼近西洋杂志文风格调，耐人寻味。"

1944 年 2 月 10 日，《天地》第五期发表张爱玲的散文《烬余录》时，她又写道："张爱玲女士的《烬余录》描摹香港战时状态，淋漓尽致，非身历其境者不能道出。"

总之，张爱玲的文章，苏青都高度肯定，赞誉有加，推崇备至。

张爱玲对苏青，也是鼎力相助，不仅撰文，而且手绘插图，还替《天地》设计了新的封面——浩瀚长空，自带张氏风格。

"天地"二字舒卷着两三朵轻云，下面是一位女子仰起面孔，似闭目养神，把天地做被、做枕、做衾席，另类中带着意趣。

她为苏青的散文《救救孩子！》所绘的同题插图，风格也与以往的写意全然不同，是一幅罕有的工整素描——亲厚之意，跃然笔尖。

小说家王安忆曾说过，爱玲是冷冷地坐在高层公寓的窗前的那一个，隔着一层让人看不清她的轻纱看人世。她写小说，却离小说很远；即便写散文，满纸腾腾的烟火气里，你依然看不透烟火气背后的那双眼睛，是哭的还是笑的。

苏青则不同，她是上海在 20 世纪 30 年代的马路上走着的一个世俗女子，去剪衣料，买皮鞋，看牙齿，跑美容院，回头家里有小孩在身边，要照顾，乡下的母亲弟弟在受苦，要牵挂，她一个人应对着这么多的家庭琐屑，仍旧活得兴兴头头，她写稿子，办杂志，实实在在地活着、俗着，让人触摸到一份切实的温暖。

相知相惜的两个人，在文学的道路上，相扶而行，彼此欣赏疼惜，人生之途，因此多了几分异样的生动与快乐。

张爱玲后来移居美国，两人渐行渐远，那份感情亦如炭火的余烬，渐而淡去。

张爱玲在上海的日子里，苏青在文学上对爱玲的懂得与支持，是张爱玲生命中的一段别有韵致的传奇。

一见倾城

于千万人之中遇见你所遇见的人，于千万年之中，时间的无涯的荒野里，没有早一步，也没有晚一步，刚巧赶上了，那也没有别的话可说，唯有轻轻地问一声："噢，你也在这里吗？"

——《爱》

"桃之夭夭，灼灼其华。之子于归，宜其室家。"《诗经》中《桃夭》，生动地将桃花盛开的春日，美丽女子出嫁的故事写得生动欢欣。佳人正美，爱情有归，多好。

与桃花有关的悱恻动人的诗句，更有唐人崔护的《题都城南庄》："去年今日此门中，人面桃花相映红，人面不知何处去，桃花依旧笑春风。"

爱而不得，空留惆怅，桃花依旧，佳人不在的伤怀，也是叫人哀叹。

年轻的张爱玲，红遍上海文坛，而爱情之花，可曾开放？

此时，她听着胡兰成为她讲着故事，心里想着"人面不知何处去，桃花依旧笑春风"。

张爱玲在《爱》这篇小散文中写道："这是真的。"

那个村庄的小康之家的女孩子，穿着月白的衫子，在春日的晚上，立在后门处，桃花相映。对门的年轻人，从门前闪过，彼此见着，却从未招呼过。直到有一天，年轻人走过来，离她不远站定，轻轻对她说一声："噢，你也在这里吗？"她没有说什么，他也没有再说什么，站了一会儿，各自走开了。

故事就此未完，各自经历艰难，老了，那个曾经的女孩还记得那个春日的晚上，那后门的桃树下，那年轻人。

这个女子的原型是胡兰成结发妻子玉凤的庶母，胡兰成将这个故事说给张爱玲听，她看着身边的男子，心里也在想：

> 于千万人之中遇见你所要遇见的人，于千万年之中，时间的无涯的荒野里，没有早一步，也没有晚一步，刚巧赶上了，那也没有别的话可说，唯有轻轻地问一声："噢，你也在这里吗？"

爱，两情相悦，而不能得。

张爱玲将那种不动声色的人生苦难和沧桑轻轻地触及；一份爱的无奈和哀痛暗暗地激起，叫人心酸落泪。

她只淡淡道来，并无华丽绚烂，洗尽铅华，单纯干净，正如她对待降临在自己身上的爱情，单纯干净。

胡兰成，简直是闯进张爱玲生命中的不速之客。

谁承想，一旦闯入，却纠缠半生。

胡兰成，出生于浙江嵊县（现为嵊州市）下北乡胡村的一个贫寒人家。

1936年，胡兰成应第七军军长廖磊之聘，兼办了《柳州日报》。后又分别在《中华日报》《南华日报》做主笔。

一个冬阳午后，胡兰成躺在藤椅上，一如往日，随手翻阅着苏青寄来的《天地》月刊，本来只是消磨时光，没料到，当他读着读着，眼光忽被一篇名叫《封锁》的小说定住了。

"如果不碰到封锁，电车的进行是永远不会断的。封锁了。摇铃了。'丁玲玲玲玲玲'，每一个'玲'字是冷冷的一小点，一点一点连成了一条虚线，切断了时间与空间。"

这篇小说，从开头到结尾，胡兰成一口气读完。读完后，胡兰成"唰"地站了起来，他被小说震撼了。

读完一遍后，觉得不过瘾的他又读了第二遍。文章如磁石，将他牢牢吸引，以至一读再读。

胡兰成与苏青相熟，他向苏青打听张爱玲是谁，并开始四处收集有张爱玲文章的各种杂志。

有人会因为一个人，爱上一座城。有人会因为一篇文章，爱上一个人。

胡兰成属于后者。

那绝世文字，使得胡兰成春心迤逦，沉浸在张爱玲的文字里，不肯出来。等到《天地》第二期寄到，这期登有张爱玲的照片。胡兰成仔细端详，"写如此漂亮文章的女子，竟是一个如此年轻的女子"。

胡兰成看着张爱玲的小像感慨着。

相对于张爱玲的老成文字，她的年龄确乎小了些。

张爱玲的年轻，让胡兰成生出了钦佩和仰慕，他心里开始不由自主生出异样。文如其人，起初猜疑那文章该出自怎样一位女子之手，如今见着照片，他只是自顾一回又一回傻里傻气地高兴，却不问问这个女子与他何干？

"我要去找她，我怎么能错过这样的女子呢？"

胡兰成给苏青写信，询问爱玲住址，苏青知道爱玲不喜见人的疏离个性，迟疑着没有给他，只说，"张爱玲是不见人的"。

胡兰成再一次问苏青要张爱玲地址。

苏青迟疑，经不住胡兰成的缠磨，她还是将张爱玲的地址写给了胡兰成：静安寺路赫德路口一九二号公寓六楼六五室。

第二天一早，胡兰成便迫不及待前往张爱玲所居住的公寓。

门铃响着，一切都在意料之中。张爱玲没有见客。

可是，胡兰成的大名，张爱玲早有耳闻，她躲在猫眼后面偷窥这个神秘来宾。人尚未看清，一张折成田字形状的纸条从门缝下塞进来。

张爱玲愣住了，她迟疑了一下，弯下腰，将纸片拾起，展开，胡兰成颇俊逸的字出现在眼前：

爱玲先生赐鉴：

　　贸然拜访，未蒙允见，亦有傻气的高兴。留沪数日，
盼得一叙。

胡兰成拜下

大美西路美丽园电：13472

张爱玲的嘴角弯弯，露出笑意。

张爱玲隔了一日便打电话给胡兰成，说要来美丽园看望他。

胡兰成接到这个电话，心里乐着，手脚似乎也不知道往哪里放才好，放下电话像个小男生似的一蹦三尺高，"一回又一回傻里傻气地高兴"。

大西路美丽园胡氏之家，张爱玲如约而至。

站在胡兰成面前的张爱玲，穿着自己做的鞋子，半只鞋子黄，半只鞋子黑，着旗袍，短款，极古老隆重，神色清冷。

胡兰成期待已久，终究见着，与想象的完全不一样：

"张爱玲的顶天立地，世界都要起六种震动，是我的客厅今天变得不合适了。她原极讲究衣裳……她又像十七八岁正在成长中，身体与衣裳彼此叛逆。她的神情，是小女孩放学回家，路上一人独行，肚里在想什么心事，遇见小同学叫她，她亦不理，她脸上的那种正经样子。"

张爱玲的出现，将胡兰成对美的定义彻底颠覆了。

"是个观念，必定如此如彼，连对于美的喜欢亦有定型的感情，必定如何如何，张爱玲却把我的这些全打翻了。我时常以为很懂得了什么叫作惊艳，遇到真事，却艳不是那种艳法，惊亦不是那种惊法。"

这位沉静疏远，装扮奇特，不漂亮的鲜活女人，彻彻底底地惊艳了胡兰成。

她是一个意外，超出了他对女性美的所有想象，她是一朵奇葩，清逸含蓄的外表下，散发着直摄人魂魄的独特气质。

她不是漂亮的女子，哪怕只是静静地坐着，从她骨子里散发出迷人的气质，强大的气场，便可以让山河失色、岁月成尘。

在他的眼里，她被他无限放大，成了高大的神明，不敢直视。

两人坐下聊叙。

胡兰成评论着时下流行作品，对读过的张爱玲的文章，亦连连夸赞，张爱玲静静听着胡兰成讲他自己的过去：小时候发大水时，一家人拖儿带女地站在屋顶，看着在水中挣扎漂流的牛羊稻谷，愁苦对泣，而他却对着汤汤洪水引吭高歌，气得母亲破口痛骂："你不是人是畜生！"

爱玲沉静地听着，听到这里，也忍不住将自己在香港读书的日子，炮火之下，港大同学们都纷纷躲避着，好朋友炎樱却在炮弹中泼水唱歌的事娓娓道来。

这一刻，他知道聪明如她，在为他辩护，他心里暖暖的，生出几分知遇之感。

不知不觉，过去了五个钟头，暮色四起，张爱玲起身告辞，胡兰成相送至弄堂口，两个人并肩走着，胡兰成忍不住说："你身材这样高，这怎么可以？"

张爱玲张张口，又低头，不知如何接住他抛来的这句话。

胡兰成又追了一句："明天我来看你吧。"

她望着他，笑了笑。

爱情来得这样快，他们就这样交谈着，一路走下去，平素觉得漫长的路，此时显得如此短，终究，是要告别的，依依不舍，又决然转身……要见的，总是会见的……

理查·德·弗尼维尔说："爱情是一片炽热狂迷的痴心，一团无法扑灭的烈火，一种永不满足的欲望，一份如糖似蜜的喜悦，一阵如痴如醉的疯狂，一种没有安宁的劳苦和没有劳苦的安宁。"

　　此时，爱，在张爱玲心头悄然萌芽，于千万人之中遇见你所要遇见的人，于千万年之中，时间的无涯的荒野里，没有早一步，也没有晚一步，刚巧赶上了……这一刻，她愿敞开公寓的门，等待他的到来……

尘埃之花

见了他，她变得很低很低，低到尘埃里，但她心里是欢喜的，从尘埃里开出花来。

张爱玲的爱情说来就来，如那等不及的花，开得太快，也太急。

第一次回访张爱玲的胡兰成，立在她的房间里，生出许多不安。

这天，张爱玲穿着宝蓝绸袄裤，戴了嫩黄边框的眼镜，越显得脸儿像月亮。家里陈设的家具，看上去简单，但带着一种现代的新鲜明亮，给人一种视觉上的刺激性。

阳台外，楼下的电车"当当"地来去，而张爱玲的屋子，使得胡兰成感觉如同刘备到孙夫人房里，竟然胆怯。

"张爱玲房里亦像这样的有兵气。"许多年后，胡兰成回忆初入爱玲闺房，恍如昨日。

胡兰成与张爱玲各自坐着，一坐坐很久。

面对自己心仪的女子，胡兰成生怕冷场，只管讲理论，一会儿又讲自己的生平，张爱玲只管认真聆听。

话里有话，你来我往，胡兰成觉得与张爱玲谈古论今，有种斗才华的感觉，只是胡兰成觉得自己使尽武器，还不及她素手一双。

这一年，胡兰成38岁，张爱玲24岁。他们恋爱了。

有时，他们会谈及《红楼梦》和《金瓶梅》，张爱玲对这些书都熟烂得太过，随手拈来，顺流而下，简直避都避不开。

一次，晚饭后，两人在灯下挨得很近，脸对脸看着。胡兰成眼中的张爱玲的脸似一朵开得满满的花，又如一轮圆得满满的月亮。

张爱玲做不来微笑，在胡兰成面前，只是毫无保留地开心，眼睛里都是满满的笑意。胡兰成心里为这份美感动，轻抚着她的脸说："你的脸好大，像平原缅邈，山河浩荡。"

张爱玲笑道："像平原是大而平坦，这样的脸好不怕人。"

张爱玲说《水浒》里有写宋江见玄女，胡兰成看《水浒》也无数遍，唯有这种地方偏记不得，又央她念，却是"天然妙目，正大仙容"八个字，胡兰成一听，当下呆住，竟离开了刚才说话的主题。

翌日，胡兰成对张爱玲说："你就是正大仙容。"但上句他未听在心里，央她又念了一遍。

胡兰成想要形容爱玲的行坐走路，但找不到特别中意的词汇，张爱玲笑着代他说，"《金瓶梅》里写孟玉楼，行走时香风细细，坐下时淹然百媚。"

胡兰成觉得淹然两字真是好，请张爱玲说来听听。

爱玲道："有人虽遇见怎样的好东西亦水滴不入，有人却像丝绵蘸着了胭脂，即刻渗开得一塌糊涂。"

胡兰成又问："我们两人在一起淘时呢？"

张爱玲俏皮地说："你像一只小鹿在溪边吃水。"

胡兰成每每想说自己的见识，可是，却发现，自己总不及爱玲解得透彻，每每聊完，回去又将《红楼梦》《金瓶梅》重读起来，发愤图强，欲与之匹敌。

爱一个人，会关心她生活过的地方。胡兰成去南京的时候，便前往南京那边张爱玲曾住的老宅观看。

那些老宅"一边是洋房，做过立法院，已遭兵燹，正宅则是旧式建筑，完全成了瓦砾之场，废池颓垣，唯剩月洞门与柱础阶砌，尚可想见当年花厅亭榭之迹"。

等他归来，告诉爱玲自己去过她的老宅。

"你看，这是我祖母的一只镯子。"她拿出一个小玩意金蝉金象，一边把玩，一边告诉胡兰成，"这是外太公李鸿章出使西洋得来的，给了我的祖母"。张爱玲对自己的家世并不经常提及，全无怀古之思。

文学艺术、家世、音乐，两人总是聊不完的话，天在不知不觉间已暗了下来，胡兰成总是要离开的。

可是，两个人还是一副意犹未尽的模样。

回到家，胡兰成依旧抑制不住激动的情绪，迫不及待地取出纸笔，为爱玲作了一首新诗：

爱玲先生：

与你相会之后才知道

你是民国世界里的临水照花人

只觉得文章笔墨里你是什么都晓得

你谦逊着经历世事极少

确然如此

这个时代的一切自会来与你交涉

好似花来衫里,影落池中——

又附上一封长信,情书带着浪漫的使命,传递着浓浓的爱意。

"因为懂得,所以慈悲。"张爱玲用这句充满着禅意的话,给胡兰成回了信。

他每每来张爱玲寓所,轻轻叩门,爱玲便应声开门,相视一笑。

红茶飘香,点心精致,温情聊途,爱情开花。

姑姑见张爱玲与胡兰成走得如此之近,心中担忧。

这天,姑姑慎重地坐于桌前,与张爱玲深谈,"这个虽然是个文化官,到底是与日本人往来密切,名声并不太好,与他往来过频,会毁了自己的名声"。

张爱玲低着头,手搅着衣襟的下摆,姑姑也是为自己着想,这如何是好?

她咬着笔,心一横,写了一张字条叫人送给胡兰成:"明天你不要来了。"

纸条才送去了,她又后悔起来,觉得失落——走了这么远的路,经历了这么多的面孔,才终于遇见他,同他说:"你在这里。"这么快,又要分开了吗?

那一整天,她都是恍惚的,熟悉的电梯声"咣当咣当"地上来,她的心也跟着"扑通扑通"地提上来,一直提到了嗓子眼儿,听到敲门声，便在那里发呆。

姑姑问："是送牛奶的来了。你怎么不开门？"

张爱玲低着头不说话。她不敢开门。既怕开门看不到他，更怕开门看到他。

胡兰成并不会因为一封信就不来了。他一如既往地来，那一刻，张爱玲看见他，立时笑了，脸上灿烂如霞。

"唉！"姑姑叹了口气，拿着皮包出门了，把空间留给了他们。

姑姑即便不赞成他们交往，可是，看着张爱玲陷入情海，亦只能对她说："你也大了，自己的事，自己有数罢。"

胡兰成在《今生今世》里说："我已有妻室，她并不在意。我有许多女友，乃至携妓游玩，她亦不会吃醋。她倒是愿意世上的女子都欢喜我。"

她心甘情愿地为他烦恼，为他倾心，为他委屈，为他坚持，甚至送他一张照片，在后面写着：

"见了他，她变得很低很低，低到尘埃里，但她心里是欢喜的，从尘埃里开出花来。"

只是相聚总是短暂的，不久后胡兰成便调到南京任职。

面对离别，张爱玲万分不舍，初尝爱情甜蜜，这突然的离开，便生出诸多愁绪。她伤感地对胡兰成说："你说你没有离愁，我想我也是的，可是上回你回南京，我几乎要感伤了。"

每个月，胡兰成总会回一趟上海，直奔张爱玲的住处，他带着满身的风尘仆仆径直赶去，进门便熟稔地说："我回来了。"

两人伴在房里，有着说不完的话，男的废了耕，女的废了织，连同道出去游玩都不想，而且也没有工夫。可是，胡兰成总觉得，在张爱玲面前，想说些什么都像生手拉胡琴，辛苦吃力，仍道不着正字眼，自己为此懊恼烦乱，可张爱玲却是喜欢。

"只你说话，随处都有你的人，不管说什么，攀条摘香花，言是欢气息，我都爱听。"张爱玲深情款款地说。

初恋，这份单纯的爱，让张爱玲在自己心爱的男子面前，低到尘埃而心甘情愿。

第五章

寡鹄孤飞

　　拥有万千观众的掌声又如何？滚滚红尘，茫茫人海，她仍是孤独一个人。

　　"到处都是传奇，可不见得有这么圆满的收场。胡琴咿咿呀呀拉着，在万家灯火的夜晚，拉过来又拉过去，说不尽的苍凉的故事——不问也罢！"

岁月静好

有目的的爱，都不是真爱。

——《同学少年都不贱》

爱情本身并没有错，遗憾的只是在"错"的时间遇上了"对"的人。全慧文，胡兰成的第二任妻子，与他风雨同舟，共育儿女。他认识了名为应英娣的舞女，便结束了与全慧文的第二段婚姻。

如今，胡兰成恋上张爱玲，应英娣怎可忍受丈夫的背叛？一番吵闹，满城风雨。

张爱玲没想到会遇到胡兰成，她甚至从未想过怎样去恋爱。

而今，遇上了，便再也逃不脱了。张爱玲明知胡兰成已有妻室，对张爱玲来说，那又如何？两个人的好，与第三个人何干？

爱一个人，就好好去爱他，在一起时，好好快乐着就好，对他，别无所求。

两人之间不明不白地相爱着，张爱玲给胡兰成写信说："我想过，你将来就只是在我这里来来去去亦可以。"

使君有妇，她想到婚姻那么渺茫，顺其自然就是了。

在此之前，胡兰成曾问张爱玲对结婚有何想法。

张爱玲清清淡淡地说："婚姻这样的事，倒是没去多想。我不承想自己会与何人恋爱，追求者好像也没有过。现在谈结婚尚早，等结婚的时候就结婚，遇到了，就嫁了。"

她对爱情的理解总是带着自己的认知：

有目的的爱都不是真爱。

她没有目的，爱上了他这个结了婚的人，爱了便是爱了，坦坦荡荡地爱着就好。

姑姑初次听到胡兰成那一句"我回来了"，心里充满担忧。这个已经结过三次婚的男人，能给张爱玲带来什么？他有年轻貌美的妻子，他政治上又是那样敏感复杂。

这些利害关系，对爱玲也说了，爱玲依然不放弃这段感情，自己只能尊重侄女的选择，别无他法。

张爱玲和胡兰成在一起久了，彼此越发了解。

张爱玲并不太提及自己的童年、少年时光，对于家中感情最好的弟弟，她也极少见面，更少谈及。

爱玲对家世冷漠的态度，胡兰成觉得不好接受。

每每，他们一起喝茶，一起吃饭。张爱玲总是喜欢喝浓茶，吃油腻熟烂之物。母亲教她做淑女，结果，却总是因为走路不好，常撞得自己受伤，说着说着，张爱玲自己便笑了起来。

自然也有哭的时候，那是读港大的时光，好友炎樱说好一起走，却提前回上海，她可真是伤心到了极点。

生命中的喜悦与悲伤，有人分享，说出来，就像卸下了那些搁置于心已久的重负。他们的心越发靠近了，而快乐也越发多了。

在心爱的人面前，谈钱也不是伤感情的事，却有一种相知的意味。

张爱玲说起自己不仅在稿费上寸步不让，与姑姑共同生活，在经济上也是锱铢必较。"姑姑说我是财迷"。她说得轻松而自得，有一种靠自己能力生活的自豪。

男女相悦，一位是有过三次婚史的男子，一位是情窦初开的女子。

张爱玲的爱，是初恋，是全身心投入的爱。

爱到欢，欢到爱。两人坐在房里说话，张爱玲两只眼睛只顾孜孜地看胡兰成，不胜之喜，说道："你怎这样聪明，上海话是敲敲头顶，脚底板亦会响。"

胡兰成后来亡命雁荡山时读到古人有一句话："君子如响"，不觉笑了。

他会为张爱玲对他的夸赞而喜悦。

她时常指着胡兰成的脸说："你的眼睛，你的鼻子，你的嘴，还有你的手……"有时会兀自欢喜，她痴痴地问："你的人是真的吗？你和我这样在一起是真的吗？"

胡兰成必得回答："是真的，是真的。当然是真的"。

张爱玲看小报，看到恶浊装腔的句子，她一边笑骂，一边继续看下去，回头再转述给胡兰成听。

读《金瓶梅》，胡兰成问："你看到秽亵的地方是否觉得刺激？"

"那倒是没有的。"

原来张爱玲的着重点在宋蕙莲的衣裙上了。

胡兰成越发觉得眼前的这个人儿奇妙，集老成、天真于一身，浑身上下既是大雅又是大俗，与他曾经结识过的任何一位女子都不同。

他甚至明明知道，这个聪明绝顶、自己曾视为女神的女子，在爱情里，那么单纯明净，全力以赴，甚至赴汤蹈火。

胡兰成对张爱玲的感情亦是小心翼翼的。

即使两人感情甚好，也不提及结婚的事。张爱玲宁肯委屈，也不要胡兰成左右为难，何况，她以为，爱便爱了，她不屑于与人争爱。

胡兰成的妻子英娣却不愿意这样不明不白地过下去，闹也闹过了，仍不能收拢一颗离去的心，索性不要了罢，她提出了离婚。

1944 年 5 月 26 日，胡兰成在《申报》刊登广告，与应英娣女士解除婚姻。面对失去的这份感情，胡兰成想及英娣的种种好来，在爱玲的面前哭，爱玲只管冷冷地看他哭、听他说，完全地无动于衷。

1944 年 8 月，爱玲与胡兰成结婚了。那一年，胡兰成 39 岁，张爱玲 24 岁。

胡兰成对张爱玲说："为顾到日后时局变动不致连累你，就不举行仪式了，只写婚书为定。"

张爱玲亦欣然接受。

婚书曰：胡兰成、张爱玲签订终身，结为夫妇，愿使岁月静好，现世安稳。上两句是张爱玲撰，后两句胡兰成撰，旁写炎樱为媒证。

仅仅几个字，字字千金，字字承诺。

他们虽结了婚，生活一如既往，各自忙各自的，每月小聚几日。

生活，如果是世态静好的样子，如果能够永远这样下去，多好。

世界上，总是有一个词，叫"可是"，让他们的爱像那无法预知的明天……

浮名浮世

今年冬天我是第一次穿皮袄。晚上坐在火盆边，那火，也只是灰掩着的一点红；实在冷，冷得瘪瘪缩缩，万念俱息。手插在大襟里，摸着里面柔滑的皮，自己觉得像只狗。偶尔碰到鼻尖，也是冰凉凉的，像狗。

——《气短情长及其他》

新婚佳期，张爱玲和胡兰成的爱情落到实处，幸福便像着了根似的，开始扎实地生长着。

每每小别后的欢聚，两个人一起去上街购物，一起回家蜗居，生活稳定，两人好像"照花前后镜，花面交相映"，人们常说的一句"夫妇如调琴瑟"，胡兰成觉得自己从爱玲这里才得以调弦正柱。

生活中，张爱玲对胡兰成百依百顺，但，也有自己的主张。胡兰成有时在张爱玲面前发一阵议论，随即又想想不对，对她说："照你自己的样子就好，请不要受我的影响。"

张爱玲笑道："你放心，我不依的还是不依，虽然不依，但我还是爱听。"

爱一个人，连他说的话，都觉得好听。

两人散步去美丽园，路边树影车声，商店林立，行人彳亍，张爱玲此时也满怀喜悦，对胡兰成说："现代的东西纵有千般不是，它到底是我们的，与我们亲。"

胡兰成跟张爱玲去静安寺街上买小菜，到清冷冷的洋式食品店里买牛肉、鸡蛋之类，看着张爱玲在那里挑挑拣拣，买这买那，一双用来写锦绣文章的手，一颗用来创作的玲珑的心，也可以这样世俗而安定，这是对人生真实的喜悦与满足。

婚姻中的张爱玲，让胡兰成看到她正经的一面，也有调皮的一面。

汉乐府有个流荡在他县的人，逆旅主妇给他洗补衣裳，"夫婿从门来，斜倚西北眄"，胡兰成与爱玲念到这里，张爱玲就笑起来道："是上海话眼睛描发描发。"

再看底下时却是："语卿且勿眄。"

她又诧异道："啊！这样困苦还能滑稽，怎么能够！"

两个人读完："语卿且勿眄，水清石自见。石见何累累，远行不如归。"这么一句，竟是对于生活困苦，亦能生气撒娇，便觉此诗颇为有趣。

胡兰成觉得这种滑稽是非常洋气的糊涂。

至于报上、杂志上凡有批评张爱玲文章的，她都剪存，还有人冒昧写信来崇拜她，她亦收存，但她既不听，也不答，亦不作参考。

胡兰成对人家赞扬他如果不得当，他会觉得不舒服，如果对他的责难不得当，也会说"无聊"。

张爱玲却笑着对胡兰成说："我是但凡人家说我好，说得不对我亦高兴。"

有时，两人正用方言说话，张爱玲会蹦出一句文艺腔，让人发笑。

夏日暮时，两人在阳台上眺望红尘霭霭的上海，此时西边天上余晖未尽，一道云隙处清森遥远。胡兰成触景生情，对张爱玲说，时局不稳，自己在劫难逃。

张爱玲听了，极为震动，她说："你这个人嘎，我恨不得把你包起，像个香袋儿，用密密的针线缝好，放在衣厢里藏好。"

张爱玲进房里给胡兰成倒茶，她端茶至门边，胡兰成迎上去接茶，张爱玲调皮地腰身一侧，喜气洋洋地看着他的脸，眼睛里都是笑。

胡兰成说："啊，你这一下姿势真是艳！"

有时候，张爱玲喜欢在房门外悄悄窥看坐在屋内的胡兰成，她写道："他一人坐在沙发上，房里有金粉金沙深埋的宁静，外面风雨琳琅，漫山遍野都是今天。"

胡兰成给过她一点钱，张爱玲满心欢喜，立刻去做了一件皮袄，式样是新的，做好很是宽大。

丈夫给妻子钱用，这使她心里欢喜。一起去看跳舞，回来时下着雨，他们叫了辆黄包车，雨篷放下，张爱玲坐在胡兰成身上。

张爱玲高，又穿的是雨衣，胡兰成抱着她，觉得诸般不宜，可是，那一幕却有难忘的实感。

生活不仅只有爱情，还有事业，那是爱情赖以生存的肥沃土地。

张爱玲的书销路，稿费比别人高，自然不靠胡兰成养她。

胡兰成一旦离开上海，去了南京，张爱玲便又开始忙自己的事业了。

出书，排话剧，双管齐下。

《传奇》一炮打响，畅销无比，成功鼓舞着张爱玲，她是主张"趁热打铁"的，于是 12 月，张爱玲又出版了自己的第一部散文集《流言》，自做插图多幅。

所谓"流言"，也是传奇的表现方式，从舌尖生出，又在舌尖上传播和重复。那被说的主人公通常总不会是个平凡之辈，因此人们在传说着流言蜚语的同时，语气里除了猎奇与偷窥之外，难免不带一点艳羡之意——既称之为传奇，自然是有些惊世骇俗出奇制胜之处。历史上所有的"传奇"，也不过都是一些男人与女人的"流言"罢了。

以《流言》为书名，大抵是"你是一条龙，流言便是画龙点睛的笔；你是一只虎，流言便是如虎添翼的翼；哪怕你只是一块顽石，流言也可以让你成为众口铄金的金"。就冲着这书名，《流言》也注定会成功，不落于之前出版的《传奇》之后。

书里收录三帧照片，其中一张是新婚时拍的，是给婚姻的纪念。照片里的张爱玲，带着粲然的笑容，旁边题着字："然而现在还是清如水明如镜的秋天，我应当是快乐的。"

她被议论过，被打击过，那又如何？

为了新书，她亲自去印刷厂看校样，那些照片一张张晾在木架上，一架架机器正轰轰运转着，印着自己的文章，张爱玲感觉温暖而又亲切。

印刷工人们停了工看她，熟络地与她打着招呼："张小姐，都在印你的书，替你赶着呢。"

她也笑。

如果没电，要用脚踏机器，一个工人告诉她，印一张图要踏十二次呢。

"真的？"爱玲叹诧着。

一切都是真实的，她的书，在这里活着，在这里充满了生命力。而这么多人忙着她的书，像自己的亲人朋友，真叫人感动。

《流言》出版后，又同《传奇》一样，当月售完，一版再版。

在紧锣密鼓地出书的同时，张爱玲又亲自执笔，将《倾城之恋》改编成话剧，由柯灵牵线，介绍给大中剧团排演。

导演朱端钧，当时与费穆、黄佐临、吴仞之并称为上海话剧界"四大导演"。

最末一场，柳原与流苏在街道毫无顾忌地长吻，他们相拥在一起，密不透风；周边是动乱的一群人，诧笑，窃议，满脸嘲讽，然而热恋的人却毫不理会，沉浸爱河，眼里只有彼此，没有世界。

这多像此时张爱玲的心境。

1944年12月16日首演，上海新光大戏院的门票一早售罄，接连几天的戏票也都预售一空。

冬夜奇寒，戏院里亦是森冷彻骨，观众裹紧大衣观剧，热情高涨，掌声如雷。

著名报人、诗人、影人陈蝶衣和导演桑弧在首演当晚便兴致勃勃前来观剧，他们边看边赞，桑弧由此产生合作之心；陈蝶衣则写文盛赞演出之精彩，并风趣地称自己"回家的时候因踏在冰块上面摔了一跤，然而这冷与跌并没有冷掉或跌掉我对于《倾城之恋》的好印象"。

一时报上好评如潮，白文、霜叶、司马斌、董乐山、童开、无忌、左采、金长风等纷纷撰文作评，各抒己见。

连姑姑张茂渊也一改往日不闻不问、不相关的态度，署名"张爱姑"，凑热闹地以流苏和柳原的口吻写了一篇文章，爱玲心中更是喜悦至极。

书的畅销，话剧的成功，空前的热烈只是一时，回到家，爱人不在身边，却仍是孤清的。

屋子冰冷，佳人独坐，内心生出无尽的寒凉：

今年冬天我是第一次穿皮袄。晚上坐在火盆边，那火，也只是灰掩着的一点红；实在冷，冷得瑟瑟缩缩，万念俱息。手插在大襟里，摸着里面柔滑的皮，自己觉得像只狗。偶尔碰到鼻尖，也是冰凉凉的，像狗。

拥有万千观众的掌声又如何？滚滚红尘，茫茫人海，她仍是孤独一人。

"到处都是传奇，可不见得有这么圆满的收场。胡琴咿咿呀呀拉着，在万盏灯火的夜晚，拉过来又拉过去，说不尽的苍凉的故事——不问也罢！"

人生哪有圆满呢？

自己的爱情，何尝不是如此？在时代里，被时代见证。但胡兰成明明白白地告诉她："我必定得逃。唯头两年要改名换姓，将来与你虽隔了银河亦必定得见我。"

面对离别，张爱玲情比金坚，她对胡兰成说。"那时你变姓名，可叫张牵，又或叫张招，天涯海角有我在牵你招你。"

没多久，那些话，便一语成谶。

千疮百孔

也许每一个男子全都有过这样的两个女人，至少两个。娶了红玫瑰，久而久之，红的变了墙上的一抹蚊子血，白的还是"床前明月光"；娶了白玫瑰，白的便是衣服上的一粒饭粘子，红的却是心口上的一颗朱砂痣。

《红玫瑰与白玫瑰》

《诗经·小雅·采薇》写着："昔我往矣，杨柳依依；今我来思，雨雪霏霏。"出门的时候，杨树柳树依依飘扬，而回来时已经是雨雪交加的冬天。在一年的当儿，那离别的人儿，他经历了什么？那个恋人在故乡等他呀，即便是大雪中独行，也会有一盏灯在为他亮着。

而那个逃亡的胡兰成，他可曾知，爱他的张爱玲是怎样地等他，怎样地寻他？

分离说来就来，爱情是升腾在张爱玲心中的炭火，还烧得那么旺，那么猛烈，可是，心爱的人，却要远离。

"君问归期未有期"，那归期的希望与未有期的失望，带着悲怆沉痛，笼罩在张爱玲的心间，挥不开，驱不散。

浓浓的愁绪，浓浓的伤感，都只能在心底里流淌，胡兰成走了。

张爱玲打点行装，盛装送行。

望着胡兰成登上远行的客船，直到看不见船的影子，她默默转身，柔肠一寸愁千缕。

等，等爱人的归期。

战事紧张，常有警报和空袭，一日，胡兰成在半道上突遇轰炸，他随慌乱的人群，伏在地上，绝望之际，喊出："爱玲！"

这时，他的心里依然满满都是张爱玲的身影。

但，谁又能晓得，即使如此才华卓越的张爱玲，很快，她的位置被一个年轻的护士取代。

或许，胡兰成从未有过专情，那些他生命中经过的女子，全慧文的朴、应英娣的艳、张爱玲的才，都不能使他专一，而这一次，他遇到了天真的周训德。

分别的日子，张爱玲将满腔柔情化为一封封书信，不断从千里之外的上海寄往汉口。

此时，胡兰成寄住在汉阳医院，与几个正值风华、天真纯洁的女护士为邻。

到武汉不足一个月，他便与医院里17岁的小护士周训德如胶似漆。周训德是见习护士，学的是产科，身着蓝布夹旗袍，她做事干练，极有青春朝气。

女孩子未经情事，遇到胡兰成这样的多情男子，"攻城略地"，是不用大费周折的。

他与周训德散步，聊天，教她唐诗宋词，他夸她洁白端正，他以自己的所谓"内涵"征服了年轻的周训德，甘心情愿为胡兰成洗衣煮饭，抄写文章。

她的年轻，她的天真，她的简单，让在张爱玲面前时时露怯的胡兰成颇生欢喜。

周训德家境贫寒，父亲病逝，家有弟妹，母亲是妾。注定她从小便缺少宠爱与温情，而这些，胡兰成都可以给她。

胡兰成对小周谈起张爱玲，并告诉她自己在上海是有妻子的。

小周说："挺好的。"

胡兰成问："你可妒忌？"

她答："张小姐妒忌我才应该，我妒忌她不应该。"

在上海的张爱玲，正伏案给情郎写着信，诉说着自己的生活琐事，向他吐露相思，将无穷无尽的挂牵注入字里行间。

而汉口的胡兰成，却正在与小周海誓山盟，执手相携，红烛、红衣、新娘……他兴致勃勃地享受着烛影摇红、红袖添香的美事。

胡兰成亦写信告诉张爱玲，自己在汉口结识了一名叫周训德的护士，年轻而天真。

虽然淡淡几笔，但张爱玲总觉得有些什么异样。

张爱玲回信说："我是最妒忌的女人，但是当然高兴你在那里生活不太枯寂。"

她又哪里知道，胡兰成与小周闲暇之余，常会在后门口沙滩上散步。

张爱玲独自在凄凉冷夜思念胡兰成，而汉口这里，胡兰成与小周，趁着冬日月夜，散步到人家背后小山下的荒旷地，聊得起劲。

眼看着，除夕就要到了。胡兰成书信一封告诉张爱玲，近日公务缠身，无法回家相聚。

旧历除夕，小周回家里转了一转，即回医院，来陪胡兰成过年。

能干的小周将白天在街上买得的一张门神，一张和合二仙，傍晚到胡兰成房里贴在房里的墙壁上和门上，两个人并着肩看那两张年画。

画上的神仙，面孔像糯米汤圆，颊上两搭胭脂，袍带的着色，在蜡烛火里都是一种清冷冷的喜气。

他们请了护士长，还有两个朋友一道吃年夜饭。饭毕，桌上仍摆起几色茶食，大家有吃有喝，有说有笑，真是快乐。

张爱玲在上海的公寓，有姑姑陪伴，围着壁炉，喝着茶，吃着点心，听着外面的鞭炮声，清清淡淡地看着窗外璀璨的烟火，心里想着胡兰成，想着他在身边的那些日子，那些亲与爱，还那么甜蜜，张爱玲的心里，依旧等待归人。

1945年3月，胡兰成回到上海，久别重逢的夫妻，如胶似漆，恩爱如初。周训德，在他转身间便成了另一个旧人。

或许是女人的敏感使然，张爱玲终究忍不住，装作漫不经心地问及："小周小姐什么样？"

胡兰成小心戒备地低声说了句："一件蓝布长衫穿在她身上也非常干净相。"

"头发烫了没有？"

"没烫，不过有点……朝里弯。"

胡兰成的表情，逃不过张爱玲的眼睛。本想故作不知，可是，胡兰成还是如实说了自己与周训德成婚的事情。

张爱玲的心剧烈地疼痛着，脸上亦现出幽怨惆怅。但她很快说了同样的事来回击他。

"一个外国人向姑姑致意，他想要与我发生关系，每月贴些小钱。"胡兰成听后很气愤，说爱玲"糊涂得不知道妒忌"。

妒忌有用吗？孤傲的她应该妒忌吗？面对背叛自己感情的人，该怎样对待？

既然已成夫妻，既然自己爱他，那么，忍下去吧。虽然痛彻心扉，却选择了不动声色。表面上，两个人依旧那般恩爱，一如既往。

胡兰成又要离开，张爱玲依然相送，此时，她挥手作别，知他会回到另一个女子身边，心如刀绞，面却带微笑。

1945 年 8 月 15 日，日本无条件投降，战争结束。此时，举国欢庆，处处张灯结彩，锣鼓喧天。

胡兰成成了汉奸，人人喊打，他除了逃，已没有退路。

逃亡期间，他给张爱玲写信，此时，他能想到的，只有张爱玲。是夜，他悄悄来到张爱玲的公寓，与她话别。

胡兰成告诉张爱玲，他将前往日本。

张爱玲没有表态，只是说曾外祖父李鸿章的往事。那是一段屈辱的过往，李鸿章代表清政府与日军签署了丧权辱国的《马关条约》，深以为耻，发誓曰"终生不复履日地"。后来他赴俄签订《中俄条约》，路过日本换船时，他拒绝上岸，当听说用来衔接的小船出自日本时，他又拒绝登船。

张爱玲的弦外之音，胡兰成自然明白。

次日，胡兰成前往浙江。

逃亡路中，他见张贴的汉奸名单，自己榜上有名，犹如惊弓之鸟，惶惶不可终日。他逃至浙江，又经杭州至绍兴，投奔诸暨乡间好友斯颂德家避难，化名张嘉仪，称自己是张爱玲祖父张佩纶的后人——姓张，只是不叫张牵或是张招。

胡兰成至此，又遇范秀美。未至温州，两人便已做成夫妻，对范家人以及邻居也以夫妻相称。

刚离开张爱玲、周训德的胡兰成，此刻又与范秀美夫唱妇随，情不能已。

张爱玲思夫心切，半年未曾见面了，她一路寻着胡兰成给她的信上的地址来到了温州。

"我从诸暨丽水来，路上想着这是你走过的。及在船上望得见温州城了，想你就在那里，这温州城就像含有宝珠在发光。"张爱玲貌似清冷，而内心如火。

风尘仆仆的张爱玲敲开了胡兰成居住的门。

胡兰成诧异，惊讶之下，是措手不及。

他面带怒气："你来做什么？还不快回去！"

没有惊喜，没有感激，也没有温存，只有一脸恼怒。张爱玲看着他，默默地看着，那见面的满腔喜悦，即被心里爬出的疼痛占据。

公园附近，是一家旅馆。胡兰成安排张爱玲住下。

白天他抽时间陪她，晚上便走："夜里有警察查房的，这样子在一起是不妥的。"而此时，张爱玲已然知晓了他在此已是别人的丈夫，而自己呢？他把自己放在什么位置？

一个清晨，胡兰成与张爱玲在旅馆说着话，隐隐腹痛。

范秀美来了，胡兰成一见她就说："唉，我肚子有些不舒服。"

范秀美坐在房门边一把椅子上，问："痛得如何？"

"隐隐地痛着。"

"应该没什么，等一会儿泡杯午时茶喝喝就会好的。"

两人一对一答，仿佛老夫老妻。张爱玲惆怅地望着他们，分明觉得范秀美是胡兰成的亲人，而她自己，倒像个"第三者"或是客人了。

过些日子，胡兰成与范秀美同来。张爱玲见范秀美生得美丽，便要为她作画，可画着画着便住了笔。

范秀美走后，胡兰成一再追问："画得好好的，怎么就不画了？"

张爱玲伤怀地说："我画着画着，只觉得她的眉眼神情，她的嘴，越来越像你，心里好不震动，一阵难受，就再也画不下去了，你还只管问我为何画不下去！"

坚强如她，清醒如她，张爱玲不哭。

胡兰成的本性，她不是早已晓得？在《红玫瑰与白玫瑰》里她明明白白，清清楚楚地写着：

也许每一个男子全都有过这样的两个女人，至少两个。娶了红玫瑰，久而久之，红的变了墙上的一抹蚊子血，白的还是"床前明月光"；娶了白玫瑰，白的便是衣服上的一粒饭粘子，红的却是心口上的一颗朱砂痣。

却未承想，现在竟然在自己的身上应验了。

张爱玲决定离去。

这天落雨，离情深深。胡兰成送她去码头。迷蒙烟雨中，张爱玲登上了开往上海的渡船。面对胡兰成，她强作镇定："你是到底不肯，我想过，我倘使不得不离开你，亦不致寻短见，亦不能再爱别人，我将只会是萎谢了。"

回到上海后，她给胡兰成寄去了一封信："那天船将开时，你回岸上去了，我一人雨中撑着伞在船舷边，对着滔滔黄浪，伫立泣涕久之。"

1946年4月，胡兰成在温州的住处被发现，他只得重回诸暨斯家。

此时范秀美有孕，斯家不留，胡兰成分别写了纸条给张爱玲和侄女青芸，让范秀美拿着去上海找她们。

因无钱就医，青芸带着范秀美去找张爱玲。

因为爱胡兰成，怕他生活艰辛，张爱玲曾给他寄去不菲的稿费。此时，他与别的女人欢好，别的女人挺着肚子到了自己眼前，也要她出面。爱玲拿出自己的金镯子，让她们当掉，交了住院费，那颗为爱的心，再也燃不出半点火星了。

八个月后，胡兰成自诸暨返回温州，取道上海，在张爱玲的公寓留宿一晚。

分别一载，再度相见，恍如隔世。曾经的甜蜜再也没有了，胡兰成将自己与范秀美的故事和盘托出，并问张爱玲是否读过他为小周所作的《武汉记》。

张爱玲沉默地听，淡淡地答："看不下去了。"随后，回房独眠。翌日清晨，半梦半醒，胡兰成轻手轻脚地进了她的卧房，跪在床前俯身亲吻她。她伸手抱住他，轻轻唤了声"兰成"，便惊觉自己早已泪流满面。

松开手，任他离去，过去种种，让这泪水冲刷干净吧。

1947 年 6 月 10 日，张爱玲写了一封绝交信寄向胡兰成：

我已经不喜欢你了。你是早已不喜欢我了的。这次的决心，我是经过一年半的长时间考虑的。彼时惟以小吉故，不欲增加你的困难。你不要来寻我，即或写信来，我亦是不看的了。

随信而去的，还有三十万元钱，那是她新写的几本电影剧本的稿酬，通通给了他。胡兰成逃亡的几年里，她从未间断过给他寄钱，这一次，是最多的一次，也是最后的两不相欠。

人生如戏，初闻不识曲中意，再听已是曲中人。向来心是看客心，奈何人是剧中人。

胡兰成犹有不舍，他依旧给张爱玲写信，只是张爱玲再没有回过信。

张爱玲将曾经的幸福、伤痛、深情都纷纷碾碎，变成滋养她文字的养料……

磨难人生

中国戏剧的传统里，锣鼓向来是打得太响，往往淹没了主角的大段唱词，但到底不失为热闹。

《散戏》

保罗说："我们成了一台戏，给世人和天使观看。"张爱玲亦知，人生如戏，人是看客，人是戏中人。

抗战胜利后，在欢呼的人流中，张爱玲与炎樱在汹涌的人潮中，感受着这自由的空气，满心都是战争胜利带来的喜悦。

可是，张爱玲因胡兰成，骂名也来得如影随形。

很快，张爱玲被民众汹涌爆发的愤怒淹没，被无数声浪谩骂。

各种议论纷至沓来，再没有人相信她是无辜的。

那些曾经向她约稿的刊物，关门的关门，躲避的躲避。

她本不多话，此时，将笔搁浅，关在家中读书。那些骂声让她难受，胡兰成的移情，更使她煎熬。

她不由想及几个月前才写的小说《散戏》，想及在胡兰成离开之前，两个人还去看了一场戏。

他们坐在黄包车上，看那黄包车一路拉过去，长街上的天像无底的深沟，阴阳交界的一条沟，隔开了家和戏院。看着头上高高挂着路灯，深色的铁罩子，灯罩里照得一片雪白，白得耀眼。坐在黄包车上的张爱玲无声地滑过去。

头上有路灯，一盏接一盏，无底的阴沟里浮起了阴间的月亮，一个又一个。

1947 年，《传奇》增订本出版

没有约稿，就没有收入，一场失败的爱情，无数难听的骂声，都可以忍受，可是生计问题必须解决。

关于苦难，有一种说法是上帝给的另一种祝福，张爱玲懂得，长的是磨难，短的是人生。

既然身在磨难中，就当是上帝给自己的另一种祝福，一直往前走，明天的太阳依旧会照常升起。

第六章

铭刻传奇

　　莎士比亚说："爱，和炭相同，烧起来，得想办法叫
它冷却。让它任意着，那就要把一颗心烧焦。"张爱玲的爱，
是深情的，像炭火。

缘浅情深

> 陈思珍用她的处世的技巧使她四周的人们的生活圆滑化，使生命的逝去悄无声息，她运用那些手腕，心机，是否必需的！！她这种做人的态度是否无可疵议呢？这当然还是个问题。在《太太万岁》里，我并没有把陈思珍这个人加以肯定或袒护之意，我只是提出有她这样的一个人就是了。
>
> ——《太太万岁题记》

一个普通人的太太，在厨房炒菜，在客堂里的圆匾前择菜，翠绿的灯笼椒，一切两半，成耳朵状……无人交谈，而她也不见得有什么好朋友。她的顾忌太多了，对人难得有一句真心话。

这样的太太，不大出去，但是出去的时候也很像样：穿上"雨衣肩胛"的春大衣，手挽玻璃皮包，粉白脂红地笑着，替丈夫吹嘘，替娘家撑场面，替不及格的小孩子遮盖……上海的弄堂里，一幢房子里就可以有好几个她。

这是张爱玲写的剧本《太太万岁》里陈思珍的形象。擅长写小说、散文的她，为何又转型写电影剧本了呢？

1946年是张爱玲生活低迷的一年。张爱玲因受胡兰成牵连，在刊物上发表文章并非易事了。

她自幼是个超级影迷，曾经为英文《泰晤士报》写过不少影评都很有见地，而且她的很多小说，都运用了电影的手法。正巧上海文华影业公司成立，苦于没有合适的剧本，柯灵便推荐了张爱玲。

1946年深秋，桑弧与文华电影公司负责宣传工作的龚之方一道前往张爱玲的公寓拜访她。

7月间，柯灵曾邀请张爱玲参加宴会，介绍电影界几位朋友与她相识。宴会设在石门一路旭东里桑弧家中。桑弧较张爱玲长四岁，正是血气方刚，雄心勃勃的年纪。

他当时正欲与老电影家、民族资本家吴性裁合办文华影业公司，急需好电影，好剧本，张爱玲的文采大家早已耳闻，故，很想请她写剧本，但素不相识，便请柯灵从中牵线搭桥。席间除柯灵、张爱玲，还有炎樱、魏绍昌、唐大郎等人，只为相识，未谈剧本之事。

此番桑弧、龚之方来访，说明来意——请她写电影剧本。

起初张爱玲面露犹豫之色，毕竟电影剧本从未写过，很是陌生。

二人极力鼓励，爱玲认真思索，觉得写剧本也是可以尝试一下。在她人生陷入低谷时期，能够得到写剧本的机会，也实属幸运。

她未曾想到，自己与桑弧也会因此产生一段不了情。

《不了情》是张爱玲电影剧本的处女作，由桑弧执导。当时著名演员陈燕燕、刘琼分别扮演家庭女教师和工厂经理，阵容强大。

《不了情》上映后，反响热烈，卖座极佳。张爱玲后来将电影剧本改写成通俗小说《多少恨》发表在唐云旌（唐大郎）与龚之方主编的《大家》上。

趁热打铁，当时桑弧有另一个故事的思路，他找时间与张爱玲细说，很快《太太万岁》这个剧本亦顺利完成。

《太太万岁》上映前不久，张爱玲在报上刊载了一篇《〈太太万岁〉题记》，一来为电影造势，二来简单介绍一下电影剧情和人物设置，以免观众在观影过程中产生不必要的误解。

这是一个轻喜剧，女主角陈思珍是个中产阶级家庭的太太，她周旋于家庭每一个成员间。

> 陈思珍用她的处世的技巧使她四周的人们的生活圆滑化，使生命的逝去悄无声息，她运用那些手腕，心机，是否必需的！！她这种做人的态度是否无可疵议呢？这当然还是个问题。在《太太万岁》里，我并没有把陈思珍这个人加以肯定或袒护之意，我只是提出有她这样的一个人就是了。

张爱玲笔下的陈思珍想方设法让每个人都满意，博得个"好太太"的美誉，但总是好事变错事，周围人都怪她，结果很喜气，太太终于获得了全家理解，但她这种"快乐里永远夹着一丝辛酸"。

这种"笑中有泪"的"家庭讽刺剧"恰能发挥出张爱玲"于

荒诞戏谑处发现人生回响"的天分。

《太太万岁》于1947年12月14日在上海的皇后、金城、金都、国际四大影院同时上映，前后上映两周时间，场场爆满。上海各大报刊竞相报道，此片被誉之为"精彩绝伦""回味无穷""巨片降临""万众瞩目""本年度影坛压卷之作"。

电影是纽带，将桑弧和张爱玲紧紧联系在一起。日久生情，渐渐地，两人亦无话不谈。

桑弧是极认真的人，在《不了情》试映时，张爱玲看着看着，觉得有些地方自己编剧时并非如此着笔，桑弧把自己的故事改编得有些牵强了。

观众都聚精会神地注视屏幕，影片尚未结束，张爱玲低声对姑姑说："我们先走吧。"

桑弧远远地见张爱玲起身离去，他立即起身追了上来："怎么走了？看不下去？"

张爱玲边走边说："改天再谈吧。"

"没怎样糟蹋你的东西呀！"桑弧将张爱玲拦在楼梯口，苦笑着辩解。

有时，桑弧会取笑张爱玲："你像只猫。这只猫很大。"又说："你的脸很有味道。"然后会忍不住问："哎，你到底是好人坏人哪？"

张爱玲被他问得没法，只得笑说："我当然认为我是好人。"

他们在电影上有聊不完的话题。

起初刚相识的时候，张爱玲告诉他："我现在不看电影了。也是一种习惯。"

"我觉得你不看电影是个损失。"他很认真地对张爱玲说。

有时候，两个人一道去看电影。当剧场里的灯光暗下来时，张爱玲望着身边的桑弧那聚精会神的侧影，看到他那内行的眼光射在银幕上，也忍不住对他肃然起敬。

张爱玲穿了件车毯大衣，是两手可以插在口袋里的那种。它的下摆原来有一些羊毛排穗。桑弧见了，亦不含蓄委婉，指着衣裳下摆的排穗："这些须头有点怪。"下次再见这件衣裳，那排穗便没有了。

与桑弧在一起，张爱玲不由自主地会听取他的意见。看到张爱玲素面朝天的模样，桑弧问："你从来不化妆？"

在自己二十八年的生命里，张爱玲除了唇膏，她几乎没试过任何化妆品。桑弧这样说，她亦学起了搽粉。桑弧打量着她，指着眼睛和鼻子中间的地方说："这里再搽点。"

张爱玲本想在那里"留一点晶莹"，但还是听话地又补了点粉。

她笑着抱怨："像脸上盖了层棉被，透不过气来。"桑弧听了有些不好意思。

面对这位低调认真的男人，张爱玲的心亦是动摇着。她的欢喜，也不会藏得那么紧。

"我一定要找个小房间，像上班一样，天天去，地址谁也不告诉，除了桑弧，如果他靠得住不会来的话。"

可是，刚走出一段爱情，面对这新的恋情，她又心生恐惧。

姑姑亦夸这男子不错，爱玲却说："我怕我对他太认真了。"

对爱越认真，越受伤。那天，他们一起去看电影，出来时，张爱玲注意到桑弧表情不自然，敏感的张爱玲取出镜子，镜子里自己的妆花了，可真是丢人现眼，她想。

桑弧试图聊电影解脱尴尬："我喜欢琴逑罗吉丝毫无诚意的眼睛。"

此时张爱玲听着却像"针扎了一下"，颇为难受。

情到深处总伤情，看着眼前这位漂亮的男人，张爱玲总觉得不够踏实。一次，桑弧深夜送张爱玲回家，他们害怕进屋后姑姑责怪，又舍不得立刻分离，便一起坐在楼梯上聊天，仿佛两个十几岁的无处可去的小毛孩。

张爱玲嗤笑说："我们应当叫'两小'。"

而桑弧则接口道："是'两小无猜'。"

朋友都觉得张爱玲与桑弧合作融洽，十分般配，一个已恢复单身，一个尚未婚配，朋友龚之方自告奋勇地去帮桑弧"做媒"。

张爱玲听了，不言不语，对龚之方摇头，再摇头，又三摇头……这个拒绝的场景意味深长，甚至比她写过的任何剧本里的场景都令人动容。

桑弧遭到拒绝，心里黯然，他无法了解张爱玲到底爱他多少，抑或尚未走出胡兰成带给她的阴影。与自己在一起的张爱玲，总是将她的心藏得很深很深，平素说起情话，难辨真假。各有保留的两人终究没能勇敢地携手向前一步，跨过那"喜欢"与"爱"的鸿沟。

有缘同行人，终用背对背的姿态行走着，在这滚滚云烟中淹没自己。爱，一往而深，却骤然别离，也许，只是缘分安排的下一场邂逅，浮萍逝水，流离追逐。你若安好，便是晴天。

归去来辞

香港是一个华美的但是悲哀的城。

——《茉莉香片》

离开香港的时候，是战乱时期，如今，再次踏上香港的土地，张爱玲百感交集。

曾经的青春年少，意气风发，如今却仿佛千帆过尽。昨日的浓绿嫣红，依然还在，当年一起吃冰激凌，一起逛街的朋友却不在身边了。

1952 年 8 月 20 日，张爱玲正式在港大注册复读。莘莘学子的往事尚有余温，这一切来之并非易事。

母亲从中筹划，并请自己的旧友港大教师吴锦庆夫妇帮忙。

港大的许多档案包括张爱玲的资料，都已散失，重新注册很困难，但总算在多方相助下得以如愿。

此时，张爱玲境况不似当年，没有了经济来源，只能忍受着困窘。

这天，张爱玲接到已在日本生活的好友炎樱的来信。

午后的风，依然未散去暑气之热，校园里静悄悄的，张爱玲展开信纸，炎樱那熟悉的字迹落在眼底。

炎樱的信中带着鼓舞人心的士气。

"爱玲，来吧，到日本来，我想，在这里，可以为你谋到一份差事的。或许，我还可以替你试探一下，是否能从日本去美国。"

张爱玲看着这熟悉的校园，都是陌生的脸，没有炎樱的港大，缺少了记忆中的温情，使她感到空寂。

带着对炎樱的友谊，对谋职的憧憬，张爱玲一面通知注册处备案离港，一面急急地去了东京。复读仅两个多月，便离开，她是多么无助，需要钱。

日本谋职，四处碰壁，无奈，1953 年 3 月，张爱玲黯然返回香港，想重拾学业，却不为学校所容。

连续的失败，受挫，张爱玲眼中，再美的艳阳天，亦不过是灰蒙蒙得像一块又湿又冷的抹布。

每天，她一边啃着干面包，一边翻着报纸上的招聘广告，用打字机打着一封又一封求职函四处投递，上门应聘。

一次又一次的应聘无果，她的心，已冻至冰点，那腔热血再也无法如青春年少时那般恣意奔涌了，更多的是任心中泪流成灾。

香港是一个华美的但是悲哀的城。

而这份华美显得如此冰冷而遥远，心里的悲哀却是实实在在。

美国某地方向她投来橄榄枝。

当时有一个"美国书籍中译计划"，准备将美国的一些文学作品译成中文在香港出版，这就需要顶级的"英译中"人才。

张爱玲在这里找到了第一个落脚点。

她不是职员，只是提供翻译服务，但有了收入，生活便有了着落。

海明威的《老人与海》、玛乔丽·劳林斯的《小鹿》、马克·范·道伦编辑的《爱默森选集》、华盛顿·欧文的《无头骑士》……书目是人家选的，她不管喜不喜欢，都带着一颗专注的心，去做好这项工作。

闪光的东西并不都是金子，但金子无论放在哪里，都会闪光。

与她一起工作的邝文美女士及其丈夫宋淇曾生活于上海，张爱玲的大名早有耳闻，甚至是她的热心读者。

此时，邂逅，相谈甚欢，极为默契，竟成终生挚友。

张爱玲在香港举目无亲，夫妇二人便在英皇道为张爱玲租了一间房子，爱玲终于有了安定之所。两家相隔不远，彼此往来频繁。

每到傍晚，邝文美都要到张爱玲的小屋里来坐坐，陪她聊天，聊着聊着，张爱玲便催邝文美回家，以免宋淇担心。

My 8 o'clock Cinderella（我的八点钟的灰姑娘）是张爱玲给邝文美取的一个英文绰号。两人相伴，时间晚了，爱玲会说"我的八点钟的灰姑娘，该回家了。"大家欢喜告别着。

有了友情的温暖，她不再感到时光煎熬，并将这份友情于心中仔细珍藏。

忘年之恋

你问我爱你值不值得，其实你应该知道，爱就是不问
值得不值得。

——《半生缘》

如果说，生活是一条路，一路失去，一路拥有，过去种种，
已经远去，未来依旧，努力向前。张爱玲在翻译之余，依然充
满创作的冲动。那些下乡所见种种情景，时时在她脑海里萦绕，
张爱玲开始动手写英文小说 *The Rice Sprout Song*，这便是后来中
文版的《秧歌》。

用英文写小说，这在张爱玲身上是头一次。写好后，初稿
给了宋淇夫妇看，征求了他们的意见后，又将稿件寄给了美国
的出版经纪人，很快，小说出版，在美国的读书界反响不错。

《秧歌》英文版虽获美国报刊好评，但只印过一版，没给
张爱玲带来多大收入。

1955 年，张爱玲乘克里夫兰总统号（Pres-ident Cleveland）
轮船漂洋过海去美国，宋淇夫妇在码头为她送行。她身穿深色
旗袍，披了一件乳白色的流苏披肩，伫立于船舷旁，看着维多

利亚湾遥遥隐去，太平洋唯余冬夜的黑暗……她将在美国重新生活。

初到美国，她暂时住女子宿舍，有女友炎樱陪伴，日子过得也还轻松愉悦。

女子宿舍并不是长久的居所。1956 年 2 月，她给位于新罕布什尔州的麦克道威尔文艺营寄去信件，正式提出入营申请。

此时，她不会知道，另一个男人将闯入她的生命。

莎士比亚说："爱，和炭相同，烧起来，得想办法叫它冷却。让它任意着，那就要把一颗心烧焦。"张爱玲的爱，从来都是深情的，像炭火。

与胡兰成的爱让她饱受内心痛楚，与桑弧的情无疾而终，张爱玲以为，此生，爱，太重，她再也经不起任何爱的风吹草动。

曾经，她在《倾城之恋》里，借柳原对流苏说："'死生契阔，与子成说，执子之手，与子偕老'，是一首最悲哀的诗。"

这世上有太多无法掌握的事，这一次，张爱玲遇到了爱，她依然将自己全身心地投了进去。

在文艺营的日子，张爱玲沉默寡言，安静写作。此时，她正在创作一部英文小说，Pink Tears（中文名《粉泪》，即后来出版的《怨女》）。这是中篇小说《金锁记》的展开本。

累了，她就靠在木屋的小窗前，手里捧着一杯冒着香气的咖啡，守着一盆炉火，静静地欣赏窗外那片寂静山林，偶有鸟鸣，也会让她失神片刻。

有时，她也会去社交大厅走走，听听那里的人们高谈阔论，或者在飞雪的日子，走出门外，迎风向雪，感受这里与国内迥异的环境。

1956年3月13日，张爱玲在大厅里闲坐。

到处是欢声笑语，觥筹交错，也到处是陌生的脸孔。爱玲挑本文学杂志，坐在一个角落的沙发里看起来。

一位高大肥胖、体重80多公斤的秃顶老人引人注目，他举止温文尔雅、说话活泼风趣、看上去气质高贵。张爱玲落寞寡合，却别有气质，吸引了他的视线。

"嘿，小姐，你好！"他举着酒杯含笑向爱玲走来，"我以前好像没有见到过你！"

"你好！我从中国来！"爱玲极有礼貌地回答。

相谈不多，彼此好感。

"嘿，赖雅，好久不见。"不一会儿，一位同伴在呼唤他。

"改天再聊！"他们互约。

次日晚上，爱玲再次到文艺大厅里时，忍不住在人群中搜寻那个高大的身影。没有，他没来。张爱玲淡淡地失望。

"嘿，小姐，晚上好！"

是他，他正站在张爱玲身后，向她微笑。

"你好，赖雅先生！"

"叫我甫德吧，朋友们都这么叫我。"

"好啊。"

立于大厅一隅，两人寒暄着。或许，这位老人的风趣幽默吸引了张爱玲。

不知不觉，张爱玲一改往日的沉默寡言，两人畅所欲言。赖雅极喜张爱玲的庄重与和蔼可亲，此时，外表并不重要，有趣的灵魂相互碰撞，像磁石，将彼此吸引。

过了两天，天气突变，暴雪骤至，文艺营里的人不便外出，大家在大厅里对这样的天气议论不止。

赖雅见张爱玲也在大厅，又来到近前，聊了起来。聊着聊着，他们来到回廊，继续天南海北地聊着。这样的日子，有可以说话的人，亦是快乐的。

不知不觉，两位年龄悬殊极大的人，并肩出入，彼此信赖，张爱玲把《秧歌》的英文版拿给赖雅看。

"爱玲，你的小说写得棒极了，文笔如此优美，情节如此曲折动人，真是让人意外……"赖雅对爱玲的小说大加赞赏。

他言语风趣幽默，举手投足间，不见老态，倒是飘逸潇洒。对人生、文化、艺术，两个人竟然有许多共同话题，赖雅讲起了自己年轻时亲历的奇闻趣事，张爱玲听得展颜微笑。她想，这真是一位有童心的老人。

他们生活习惯不同，性格迥异，但赖雅的出现，给张爱玲灰色的生活里突然抹上一道非常明亮的颜色。

张爱玲说："我们很接近，一句话还没说完，已经觉得多余。"

爱情就像一场野火，忽地燃起，势不可挡！

到了 5 月 12 日，也就是初识两个月后，赖雅日记里有这样的记载：

Went to the shack and shacked up.（去房中有同房之好。）

这时，张爱玲 36 岁，而赖雅 65 岁。

在爱情面前，年龄怎么可能成为代沟？哪怕所有人都觉得不可思议，而张爱玲怎会在意别人的看法？

早在年轻的时候，她在《半生缘》里，就表明过自己对爱情的观点：

> 你问我爱你值不值得，其实你应该知道，爱就是不问值得不值得。

遇到爱，是因为彼此懂得。

遇到爱，是因为彼此欢喜。

没有合不合适，也没有值不值得。

爱就爱了。

何况，这位美国老男人，并非一无是处，他1891年生于费城，父母都是德国移民，家教极好，幼时便能在公众场合即兴赋诗，被视为神童。

17岁就读宾夕法尼亚州立大学读文学专业，写过一部诗剧《莎乐美》。1912年时，又入哈佛大学读文艺学硕士写了剧本《青春欲舞》，毕业后在麻省理工学院任教。

他不断尝试新的领域，在《波士顿邮报》当过记者，赴欧洲，参加报道过第一次世界大战。战后归来，索性辞职，住进纽约当了自由撰稿人。后与著名的女权主义者吕蓓卡·郝威琪（Rebecca horwich）结婚，然后又协议离婚，育有一女，叫霏丝（Faith）。

离婚后，赖雅周游列国，需要钱时，便动手写稿赚钱。

1931年8月，赖雅的好友——导演约翰逊·休斯敦拉他为好莱坞写电影剧本。

他出手快，对白写得精彩，情节跳动很快，许多制片人和导演都欣赏他的才华。他写的本子，很受观众欢迎，比如《艰难之旅》《伏尔加格勒的好男儿》等，就这样一写就是 12 年。

赖雅虽然才华横溢，见多识广，但因生活奢华，做事亦随性而起，不能专心其中一项，故一直不能成为一流作家。

1943 年，赖雅不幸摔断了腿，后曾轻度中风，再后中风的毛病时有发作，在未遇张爱玲之前，他因中风住院，健康越发堪忧，这位乐天派才子内心有所恐惧。

于是申请至麦克道威尔文艺营，本想重振雄风，在此完成写作计划，包括一部历史人物传记、两部戏剧和两部小说。

但万没想到，在此，遇上生命中的良人。

问"世间情为何物"？

爱情来得这样猛烈，张爱玲忽略对方的年纪、外表、身体状况不佳……诸多因素，她眼中的他是智者，有慧心、吐慧言。她爱的，是对方那无边无际的大海一样深邃宽广的精神之美。

赖雅更像一位温厚的长者，一位精神上的富翁，是真正能够赏识张爱玲才华的人……

此时，他们只求同行，不谈婚姻，没有誓言。

爱，就这样无负担、无牵挂、无责任地爱着吧。爱这当下的幸福，爱这此时的美好。

他们沉醉在平淡幸福间，沉醉在心灵相通间，沉醉在大美不言间，在这如水的光阴中，他们都身如浮萍，居无定所，没有承诺，只要两颗相爱的心，彼此慰藉，这就够了。

第七章

波澜不惊

　　她蜗居在闹市区好莱坞东区的老式单身公寓，起居室犹如雪洞一般，墙上没有一丝装饰和照片，迎面一排落地玻璃长窗。白纱幔后，参天的法国梧桐摇曳生姿，立在窗前，可眺望到旧金山的整幅夜景。

　　隔着苍茫的金山湾海水，急遽变动的灯火，像《金锁记》里的句子："营营飞着一颗红的星，又是一颗绿的星。"

执子之手

> 她（九莉）从来不想要小孩， 也许一部分原因也是
> 她觉得如果有小孩，定会对她坏， 替她母亲报仇。
>
> ——《小团圆》

古往今来，相爱的人面临离别，总是思绪万千，依依不舍。柳永书："此去经年，应是良辰好景虚设。便纵有千种风情，更与何人说？执手相看泪眼，竟无语凝噎。"李清照诉别，纸短情长，"忘了临行，酒盏深和浅。好把音书凭过雁。东莱不似蓬莱远。"

张爱玲与赖雅的热恋，亦面临分离。

文艺营对艺术家的入住有时间限制。冬季为四个月，夏季更短。赖雅与张爱玲在"有同房之好"后的第三天，他在麦克道威尔文艺营的时间到期了。而此前，他已获准去纽约州北部的耶多文艺营入住。

纵然情到深处，依依不舍，但还是得面对现实。

张爱玲穿着一身紫色滚黑边的织锦外衣，衬托一张清洁素白的脸，俏丽动人。她送赖雅至火车站，也心事重重。

此前，两人所谈甚广，极少涉及现实。此时，爱玲与赖雅

提及自己在这片土地上生活的现状，书虽然在写，但尚未打开局面，目前，经济上也十分紧张。

赖雅温柔地望着张爱玲，用手抚过她的脸庞，心疼地鼓励她，安慰她："安心写作，你的文笔这样好，书一定会很畅销的。别担心，我不在你身边，亦要好好照顾自己，好好生活。"

他又笑着说："我老了，如果我还年轻的话，我一定不会错过你的。"

在离别的车站，他们若无其事地说些不着边际的话。

火车汽笛声响起时，张爱玲从手袋里拿出现金，塞到赖雅手里。

"这些，不多，你到那里，也需要开销，照顾好自己，以备急用……"

"这怎么行，不，你也需要钱。"

天虽然冷，但两双滚热的手将这钱推来推去。

赖雅坚持不要，张爱玲着急了，"你一定要拿着"。

赖雅早年交友广阔，出手大方，这些年，他无数次为别人买单，此时，身单力薄，前途渺茫的张爱玲竟然将所余不多的钱，塞入他手中，赖雅的心，再一次震动着。

火车缓缓开动，透过车窗，他望着张爱玲瘦削挺立的身体，竟生出许多无以言说的牵挂和不舍。火车轰隆隆地向前开去，张爱玲的身影渐渐模糊，那声"再见，别忘了来信"，终究只散落在空气里。

还会再见吗？一别两宽，可能再也不见了。

分隔两地，书信往来着，转眼，张爱玲在麦克道威尔文艺营的期限也已临近，6月30日就要搬出去。一位营友罗丝·安德逊，向爱玲提供了纽约的一套空着的公寓，她才算有了临时的栖居之所。

那一边，赖雅在耶多住了六个星期，此时也到了期限。

离10月可以再去麦克道威尔还有近三个月的时间，他临时搬至附近的萨拉托卡泉镇，住进了"罗素旅馆"。

7月5日，他收到张爱玲的来信。

如往常一样，他欢欣地打开信，读着读着，他的表情开始复杂起来。

张爱玲已经怀上了他们的孩子！这个消息让他又惊又喜。

自己离婚迄今已经三十多年，一直四海为家，过惯了无拘无束的单身生活。他喜欢过的女人大概不少，他说自己过去是"闯了车祸就跑"的人，而现在他不想跑了。

张爱玲与他交往的种种历历在目，如放电影般在眼前浮现。

手中无钱，未来难定，居无定所，结婚，自己年老体弱，如何去照顾这个美好的女子呢？他犹豫着，雨，无休无止地下着，像他那乱纷纷的思绪。

我爱她，她爱我，我不能失去她。

这样想着，他无法使自己平静下来，立即拿出笔，写好求婚信，冒着雨到邮局给爱玲寄去。

次日，求婚信还在飞向张爱玲的路上，她的电话打来了。

"吱吱啦啦"的杂音间，两个人都放大声音讲话，却依然听不清对方说的是什么。

"我要来，见面再谈！"张爱玲冲着电话的话筒大声地说着。

喜悦、兴奋、不安、紧张……各种情绪交织在一起的张爱玲，此时，只想奔向赖雅，只想和他一起分享这份快乐。

可想而知，她和所有刚刚怀孕的女人一样，紧张又兴奋。

赖雅在车站等候，可是，久等，车依然未至。他向车站打听张爱玲坐的那一班车，原来，糊涂的爱玲把时间通知错了——比实际到达的时间提前了好几个小时。

一拨又一拨的行人拿着皮包，提着皮箱，从他身边走过。终于，在这杂织的人流中，一位穿着明黄色呢大衣，头发梳理得十分精致的女子在人流中像一抹初放的花朵，鲜亮而美丽，优雅又动人，这便是自己苦思久等的"新娘"，赖雅高声呼唤着张爱玲的名字。

十丈软红尘，跌进来，就很难再有力气爬出去。

那就奔向对方，那就拥抱希望。

安顿好住处，赖雅带着张爱玲来到一家极富情调的餐馆共进晚餐。

此时，赖雅再一次当面向张爱玲求婚，对于这个计划外的"小东西"，他微笑着说："生个小张也好。"

"我不要。在最好的情形下也不想要，即便又有钱，又有可靠的人带。"

虽然腹中骨肉是与心爱的人共有的结晶，可是，自己从小缺少家庭温情，与母亲亦是聚少离多，自己生下的孩子会替自己母亲黄逸梵找自己报仇，而自己也好不到哪里去，甚至只会惹自己担心，生气，甚至难过罢了。

在《小团圆》中，她已然将自己这种决定，这份心态，通过书中的主人公表达了出来：

> 她（九莉）从来不想要小孩，也许一部分原因也是
> 她觉得如果有小孩，定会对她坏，替她母亲报仇。

彼此懂得的人，对于这种事，更是会尊重彼此的意见。

婚姻已定，未来可期。孩子终究不留下来了，张爱玲寻了
医生，做了人流手术。

手术做得很顺利。医生走后，赖雅走了进来，把一柄劈柴
斧子放好，说："我没出去，就在楼梯口，看见有这把斧头，
就拿着，想着你要是有个什么，我就杀了这狗娘养的。"

1956 年 8 月 14 日，赖雅和张爱玲举行了简单的婚礼。来参
加婚礼的嘉宾中，有救世军女子职业宿舍的主管玛莉·勒德尔，
也有炎樱。

婚礼结束后，这对忘年恋人，携手走在纽约的大街上，他
们兴冲冲地将纽约市区游了个遍，这便是为这场婚姻进行的"蜜
月旅行"。

执子之手，陪你痴狂千生；深吻子眸，伴你万世轮回。

执子之手，共你一世风霜；吻子之眸，赠你一世深情。

半世流离，终得归人，只愿此生所有，共赴一生平安。

情深义重

> 女人纵有千般不是，女人的精神里面却有一点"地母"
> 的根芽。
>
> ——《谈女人》

家，是一个温暖的词，在这里能避风、能遮雨、有心安。
人生常常是醉过知酒浓，爱过知情重。张爱玲与赖雅结为夫妇，
互守这份相知相惜，以一腔深情，以一份痴爱，护彼此周全。

漂泊太久的心灵，终于靠岸，眼前的这个男人努力地给予
张爱玲快乐与懂得。

金秋十月，夫妇二人一道回到麦克道威尔创作营。麦克道
威尔周围的群山层林尽染，风景如画，使人常恍如置身诗情画
意之间。

快乐总是短暂，早年中风住过院的赖雅，他的身体里的疾
病如一颗不知何时会引爆的炸弹，总让他心有余悸。

不幸的事情还是发生了。两人至文艺营不久，赖雅又中风了，
极度虚弱，笔不能握，衣不能着，只能躺在床上，由人照顾。

赖雅恨自己这讨厌的疾病，恨自己不能照顾张爱玲，反而

拖累了年华正好，满腹才华的妻子。

"甫德，你要好起来！你要好起来！我不能没有你！"

紧握着他的手，张爱玲布满血丝的眼睛里是说不出的痛楚与依恋。

那些欢声笑语犹在耳边，一起散步，一起写文章的情景还不曾从日常生活里散去，如今，自己在美国唯一的亲人却猝然倒下。

张爱玲既心疼，又恐惧。

张爱玲放下手中正在进行的写作，细心照料赖雅。

"你答应我，一定会好起来。"张爱玲一边将水一勺一勺地送至爱人嘴边，一边轻声地安慰着赖雅。

"等你好起来，我还想听你说那些奇闻趣事呢。"

在张爱玲的精心照料下，赖雅又慢慢站起来了。

张爱玲像他的拐杖，轻轻扶着赖雅练习行走。他走得不稳，身体虚弱得像风中摇曳的芦苇。

夕阳撒着金光，秋风渐起，满山的秋叶似乎在拍手为这对患难夫妻鼓掌。

"甫德，以后你要好好的，你不知道，你病着的这些天里，我有多担心多害怕……"

自从认识赖雅，张爱玲便一直唤他甫德。

看着大病初愈的赖雅，苍老疲惫尽显无余。与子携手，偕老白头的温情背后，是有着现实的残忍苛酷。可是，"我依然爱你，因为你是不用说话也无须尴尬的人啊！"

"当然，我会努力的，爱玲，我们的好日子才刚刚开始……"

赖雅轻轻拍打着爱玲的手背，眼眸蒙上一层水雾。

两个月后，赖雅再次发病。1957 年 1 月，他在爱玲的照料下，得以恢复。

这疾病带来的恐惧，这不再健壮的体魄，无不让张爱玲日日心悬，夜夜担忧。

身体极度虚弱的赖雅，却依然哄妻子开心。

厨房里有了烟火的气息，袅袅的菜香萦绕小屋，张爱玲为庆祝爱人的康复，洗手作羹汤。烛影摇红，两人相对而坐，桌上摆的是爱玲亲手做的中国菜。

"新的一年里，只愿甫德身体康健。"

清脆的碰杯声后，爱玲在新年之夜许下唯一一个心愿。

对酒当歌，人生几何？此时，对酒的人，欢喜之间，夹着伤感，对饮之间，将那些担忧，那些苦涩，随着清泪，一饮而尽……

　　女人纵有千般不是，女人的精神里面却有一点"地母"的根芽。

想起当年，年轻气盛，便在《谈女人》中谈及看到这样的"地母"大神，总是心酸落泪，若有信仰，她会很愿意相信"大神勃朗"。因为她能包容世间万物，总在世俗之人看不见的地方给人们以引导、爱和慈悲的关怀。

春夏秋冬，生命来来去去，循环往复，"地母"大神永恒的爱和怜悯庇护着一切！地母只有爱，那种广阔深沉的爱！或许，上帝叫自己在这身患疾病的爱人面前，亦要像地母一般，深沉地、广阔地疼爱他，照顾他。

赖雅的身体如老化的机器，经不起劳累，那些庞大的写作计划，只能搁浅。

住在文艺营里，虽有免费食宿，却无经济来源。因要照顾爱人，爱玲写作也时有中断，而那些投寄出去的小说亦无任何音信。文艺营的期限很快到了，他们为生存的居所，又开始奔波。

终于，赖雅在彼得堡松树街找到一处带家具出租的公寓。哥伦比亚广播公司与张爱玲签了一份把《秧歌》改写成剧本的合同，特付给她 1350 美元的酬金，另外支付 90 美元的小说改编权，解了他们的燃眉之急。

苦难的生活并没有夺走他们的幽默与乐观。

张爱玲用自己的慧心，将这个家很快布置起来。她买来涂料，粉刷墙壁，自己的房间是蓝天大海的颜色，赖雅的房间漆成白云的颜色，装上素雅的窗帘，床上铺上洁白的床单。为节省开支，赖雅经常去二手市场"淘宝"：面包炉、三合板桌子、木制小床纷纷搬到家中。

有一次，张爱玲仅用 3.75 美元就买到了四件漂亮的绒衫和浴袍，她回到家中，对着镜子试着穿戴起来，真是合适至极，她欢喜异常，穿着这些衣服在屋子里打着转，赖雅则微笑地看着爱玲开心的样子，也笑得格外灿烂。

生活，让贫穷交加的二人，在最困苦的日子，也会寻出许多乐趣。公寓时常有蚂蚁出没，张爱玲手持杀蚁剂对着屋子上上下下喷洒，蚂蚁不见了踪影，赖雅笑着送给张爱玲一个风趣的绰号——杀蚁刺客。

平素，爱玲晚上写作，白日休息。赖雅习惯早睡早起。每当爱玲休息，他便轻手轻脚地做饭，一个人独自购物、去银行取款、到邮局寄信……餐桌上的饭菜简单却都是爱玲喜欢吃的。

生活就这样静静地过着。两人共读一本书，有时并肩去小镇观影，更多的时候，两人在烛光下，温馨地品香槟、饮红酒，聊叙人生。外面风风雨雨，在他们听来，都是大自然的乐音，为这份温馨伴奏。

生活总是有乐有苦，苦一阵，乐一阵，那些苦，既有赖雅疾病带来的忧患，又有张爱玲小说出版不顺的打击。

五月中旬，张爱玲获悉，她的第二部小说《粉泪》没被选用，付了心血，却得不到认可，她一病不起，自信心严重受挫。

有家，有爱，有陪伴。赖雅照顾她，鼓励她，张爱玲又拿起钟爱的笔，继续新的创作。

厄运接踵而至，母亲病危，写信告之，欲见女儿一面，张爱玲却连一张飞往母亲身边的机票钱也拿不出来，纵有无尽的思念与担忧，却只能寄去对这个家庭来说已经是额度巨大的一百美元和一封安慰母亲的信，聊表做女儿的心意。

不久，母亲去世，将跟随自己多年的宝贝箱子寄给女儿。里面的文物宝贝，是母亲大半生的珍藏。有皇上当年赏给李鸿章的瓷器、织品，有母亲黄氏家族留下的古玩玉器，还有在天津时从民间寻来的各类珍品。每一件东西，母亲都是用宣纸仔细包好。

可是，为了生计，张爱玲却忍痛将这些留有母亲气息的宝贝一件件卖掉。

用这些钱，他们度过一段又一段艰难时光。

由于环境闭塞，张爱玲创作受阻，想换更好的环境去生活。赖雅漂泊大半生，风烛残年的他，本想守着爱妻，过这静谧美好的田园生活，但妻子年华正好，创作正盛，怎能埋没？

为了给爱玲提供更好的创作生活环境，赖雅决定再一次搬家，到张爱玲喜欢的地方去。他们一起向南加州的亨廷顿·哈特福基金会提出申请，申请很快就得到了批准。

基金会许诺他们从 11 月开始入住，他们在彼得堡还要继续生活几个月。

转眼，张爱玲 38 岁生日到了。

张爱玲的生日，是赖雅精心推算许久，才确定的中国农历的生日。火红的玫瑰，香软的蛋糕，还有赖雅笑吟吟地唱着生日祝福歌，张爱玲热泪盈眶……

除了他，谁曾记得自己的生日？谁曾为自己过过生日？谁曾在意过自己走过的艰难岁月？唯有眼前人……

饭后，两人揩手观影，回家的时候，张爱玲偎依在赖雅的身旁，发髻高绾，笑靥如花。秋寒渐起，赖雅脱下风衣，温柔地披在爱妻肩上。

11 月，他们与两年多来在彼得堡结识的朋友一一道别，装箱搬家，来到了亨亭屯·哈特福基金会所在地，并在那里安顿了下来。

1959 年的 5 月，他们在亨亭屯·哈特福基金会的半年期限已到，张爱玲多次为电影公司写剧本，使她的经济状况略有好转，夫妇二人移居旧金山，入住布什街 645 号寓所。赖雅在另一条街上为自己寻得一间小写作室，每日身居此间，写他曾计划却一直未完成的作品。张爱玲也在改写剧本，并翻译作品。

有爱的地方，就有家。虽然居无定所，后来，又时常搬家，但日子过着过着，便入正轨，写书、挣钱，一起打理并不太富足的日子，有了一些社交圈。赖雅的女儿也慢慢接受了这位年轻的东方继母，她被父亲与张爱玲之间那份相濡以沫的感情感动，也开始常常到家里来看望二人。

赖雅的身体状况越来越差了，经常会背痛、腿木，他的身体成了张爱玲最为关注的焦点，有他在，自己的心才如此安定，有他在，自己才不会感到孤寂。

张爱玲守在赖雅身边，为他长久地按摩，扶他行走。因将过多精力投入写作，自己也常常无端呕吐，眼睛也出现问题，头痛病一直断断续续……

生活的艰辛，病痛的折磨，都能忽略不计，而精神上的富足，却使二人依恋至深。

心事温婉，梦影成双，在异乡，彼此以坚忍，忠贞，陪伴，懂得，将"情"字书就。

这情，是深情，是重情。

天涯聚首，咫尺相随，情到深处，地老天荒。生活中的每一个点滴，都在他们彼此的心中相印，在相守中彼此包容，相依为伴，一路前行。

了无牵挂

> 我认为文人应该是园里的一棵树，天生在那里，根深
> 蒂固，越往上长，眼界越宽，看得更远，要往别处发展，
> 也未尝不可以，风吹了种子，播送到远方，另生出一棵树，
> 可是那到底是艰难的事。
>
> ——《写什么》

作为一位写作者，想写什么，能写什么，很大程度上是要受到他生活环境的影响。自古以来 "仁者乐山，智者乐水"，一如汪曾祺，他的作品中水的影子随处可见。因其家乡高邮有湖有运河，他自小潜移默化，受之影响，故笔下山水皆为所书对象。

昆明的翠湖，北京的玉渊潭，新疆的天池、伊犁河无不令其痴迷。

而张爱玲，出身破落世家的背景和传奇般的情爱纠葛，她本人甚至是 "上海风情" 的一个符号化人物。

她笔下的文章，上海的风情，遗老遗少都是创作的源泉。她以独特的女性视角、细腻而尖锐的笔触、华丽阴郁的写作风格，

使得文章能够在 20 世纪 40 代的中国文坛上独树一帜。

她在《论写作》中说："文人只须老老实实生活着,然后,如果他是个文人,他自然会把他想到的一切写出来。他写所能够写的,无所谓应当。像恋爱结婚,生老病死,这一类颇为普遍的现象,都可以从无数不同的观点来写,一辈子也写不完。如果有一天说这样的题材已经没的可写了,那想必是作者本人没的可写了。即使找到了崭新的题材,照样也能够写出滥调来。"

在美国的日子,这里的一切,都与自己曾经生活的环境如此遥远,这里的风俗人情与自己以往耳濡目染的完全不同。她创作的作品,并不十分受美国读者的追捧。

写什么?能写什么?她无数次问自己。

> 我认为文人应该是园里的一棵树,天生在那里,根深蒂固,越往上长,眼界越宽,看得更远,要往别处发展,也未尝不可以,风吹了种子,播送到远方,另生出一棵树,可是那到底是艰难的事。

如今,她终究明白,写作路径,在她看来是不能如想象的自由——仿佛有充分的选择的余地似的。

当初,张爱玲是不会想到,自己会有一天,如那粒被风吹送到远方的种子,在美国的土壤中扎下根。可是,要长出另一棵枝叶繁茂的树是何等的艰难。

张爱玲在美国的写作一直没能打开市场,微薄的收入来自极少的版税费和赖雅的一点社会保险金。生活必须好好过下去,如何走一条新的路？

好友宋淇所在的电影公司约请她去写剧本。张爱玲亦有计划，要写一本新英文小说《少帅》，这需要她回国收集一些资料。

对写作的热爱，使张爱玲不得不向赖雅说出自己的决定。

"甫德，我有一篇小说的材料，不但有了故事与人物的轮廓，连对白都齐备，可是背景在中国，我要去那里搜集一些材料。"

她看着赖雅，又小心翼翼地说："走马看花无用，大抵是要在那里住些日子的，放眼搜集地方色彩。"

刚刚大病初愈的赖雅怎么舍得爱妻离开？曾经在张爱玲面前乐观豁达、谈笑风生的男人，几经病魔摧残，已经显得苍老不堪。

"爱玲，我不能让你走！我离不开你的。"赖雅几乎是在哀求张爱玲留下来。

爱人那双挽留的眼神使张爱玲垂下眼眸，她不忍心看丈夫的不舍。

可是，如果不回祖国，作品怎么完成？今后的生活如何打理？手上那点微薄的收入，总是入不敷出，生活如此窘迫。

"若是剧本和小说都如曾经那般红起来，家里的生活便会得到极大的转机。"张爱玲努力说通了赖雅，并约定，写完稿子，尽快回到他的身边。

张爱玲不在丈夫身边，担心他无人照顾。

赖雅为了使爱玲放心，亦考虑到自己随时生病，便给在华盛顿的女儿霏丝写去一封言辞恳切的信，希望能在张爱玲离家的那段日子到女儿那里去住一段时间。

曾经意气风发、自信张扬的男人，如今英雄末路，孤苦无依，让张爱玲心如刀绞。

行程在即，赖雅又大病一场，腿上的疼痛扩散到背部，后扩散到全身。可张爱玲行程已定，只得如期踏上行程。

赖雅的思念与牵挂不断从大洋彼岸传向爱玲，阅尽千帆，他早已通晓，真爱比金钱更为重要。

1962 年 3 月 16 日，爱玲搭上了飞往美国的班机。

赖雅早早地就去接机，张爱玲回到"家"的怀抱里，喝着赖雅已经准备好的咖啡和麦片粥，斜倚在沙发上，看着丈夫忙碌地做着汉堡和沙拉。

一餐一饭，当思来之不易。饭菜上桌，夫妻温柔相视，那些委屈，那些失望都烟消云散，她兴致勃勃地向爱人讲着"东方之行"的种种际遇，尽说些快乐的事，而那些失意、心酸，她都巧妙隐去了。

时光流逝，赖雅的病越来越重。张爱玲将整颗心都放在了赖雅身上。她会在午后的阳光里，为他煮一杯咖啡，读一段报纸，讲一个故事……她只是一个寻常的妻子，一个无微不至地照顾着瘫痪丈夫的妻子。爱人的辛苦，赖雅心疼着，又因自己成为她拖累，变得沉默寡言。家，渐渐少了往日的欢乐。

1967 年，赖雅病入膏肓，瘦得只剩下皮包骨头，整日恹恹地躺在那里，一动也不能动，张爱玲每天忙进忙出，喂他吃药，帮他擦身子……

他放不下身边这位挚爱的女子，却又无力再为她带来些许快乐，有的只是无穷无尽的负担，他的内心升起从未有过的伤感。

短的是生命，长的是磨难呀，在这些磨难面前，爱，不仅仅是陪伴，不仅仅是照顾，爱，还是无穷无尽的苦楚和留恋，无穷无尽的默默祈求，祈求上苍的眷顾。

曾经的梦想，如成长的雏鹰，渴盼远飞，却往往，折翼难飞。

张爱玲即便再怎样照顾，赖雅还是永远地离开了这个世间。

人生没有不散的筵席，只是他先走一步，带着无尽的不舍和心痛。

1967 年 10 月 8 日，张爱玲失去了在美国唯一亲近的人。

从此，不再有人为她做饭，不再有人替她披衣，不再有人讲着笑话哄她开心，不再有人陪她观影，不再有人为她递一杯泡好的咖啡，亦不再有人，使她为他分心，替他按摩，为他擦身……

从此她只是一个人了，了无牵挂，独对青灯，与影为伴。张爱玲至死，都以赖雅为自己的姓，以赖雅夫人的身份自居。

多年前，她曾说过，"死生契阔，与子成说，执子之手，与子偕老"，这是《诗经》里最悲哀凄美的一首诗。可又有几人能相携走过一生？移情也好，死别也罢，总有一个人先走，无论谁先放手，都会疼到无以复加。

繁花落尽

时间加速，越来越快，越来越快，繁弦急管转入急管哀弦，急景凋年倒已经遥遥在望。一连串的蒙太奇，下接淡出。

——《对照记》

人生独处，可以清风配浊酒，山高水远独自走。但那曾经的回忆是无尽的，张爱玲与赖雅十一年风雨同舟，十一年相亲相爱，都如烟花，绽放过，又灰飞烟灭了。

晚风忧戚，星如萤火，大地升空，天庭陨落，感官尽失，唯靠内心，因赤诚不能言明，唯丹心隐于梦后。灿烂过的光华可供回忆，在寂寥日子，带着那些旧爱，去梦里相会。

太剧烈的快乐与太剧烈的悲哀是有相同之点的——同样地需要远离人群！孤身一人的张爱玲，从此节俭度日，极少外出，蜗居于室，修改旧作品、书写新篇章。

她的生活，单纯如白纸。她说："只有年轻人是自由的，年纪大了，便一寸一寸陷入习惯的泥沼里。孤独的人有他们自己的泥沼。"

1971 年，夏志清在《中国现代小说史》一书中评价："张爱玲应该是今日中国最优秀、最重要的作家，仅以小说而论，堪与英美女文豪曼苏菲尔、安泡特、菲尔蒂、麦克勒斯等相比，某些地方恐怕还要高明一筹。《金锁记》则是中国自古以来最伟大的中篇小说。"

夏志清的评价使得张爱玲这个名字在中国台湾掀起了一波浪潮，《皇冠》的负责人平鑫涛对张爱玲的作品钟爱异常，他开始为她出版小说《怨女》《秧歌》《流言》《半生缘》《张爱玲小说集》……张爱玲在台湾又成了一段绚烂璀璨的传奇。

张爱玲有了较稳定的稿酬收入，漂泊无定的生活安稳下来。

张爱玲辞去了工作，定居洛杉矶。她蜗居在闹市区好莱坞东区的老式单身公寓，起居室有如雪洞一般，墙上没有一丝装饰和照片，迎面一排落地玻璃长窗。白纱幔后，参天的法国梧桐摇曳生姿，立在窗前，可眺望到旧金山的整幅夜景。

隔着苍茫的金山湾海水，急遽变动的灯火，像《金锁记》里的句子："营营飞着一颗红的星，又是一颗绿的星。"

张爱玲潜心研究《红楼梦》，翻译《海上花列传》，用文字编织属于她一个人的世外桃源。

1977 年，她历经 10 年的红楼跋涉宣告终结，24 万多字的《红楼梦魇》由皇冠出版社出版发行。除此之外，她还完成了《海上花列传》中文本与英译本的翻译。

浮华过后，苍凉尽现。她也是一位齿摇发落的老人了，离开这个世界的日子也不远了。

一个人活得可以纯粹、疏离、静谧。

那些往日旧照，成了联结她与亲人之间的纽带。

张爱玲坐在地毯上，伏在小木箱上整理那脱了线的旧相册，还有《小团圆》的写作也在进行着。

吃和穿越发不讲究，都只不过是身外之物。速食食品简单方便，足以果腹，一次性拖鞋用坏就扔，不必保存。累了困了就和衣倒在地毯上睡，曾经着华丽的奇装异服的女子那孤傲的身影恍如隔世。

身边的旧物，随着无数次搬家，该丢弃的都丢弃了，人活到最后，唯有简单，从容。

那本旧影集却如影随形，自己的亲人、朋友，自己的根与脉，都有迹可循，从未忘记。

童年的自己，如此无邪，粉腮圆脸，满眼纯真，穿着喜欢的淡蓝绸的小裙，笑眯眯地坐在黄铜色藤条椅上；与弟弟在天津的合照，仿佛置身幼时那浓荫深绿的老宅；母亲与姑姑回国后和两个表伯母到杭州游西湖，年幼的自己和弟弟趴在岩石上望着，那是九溪十八涧；和姑姑的合影，已经比肩而立，旧衣穿不完地穿，却并不能遮掩那一张青春明媚的脸庞。

好友并肩，那张与炎樱的合照，那时她们还在港大，是朝气澎湃写满快乐的大学生。她们趴在楼顶阳台，望向天空，带着对未来无尽的憧憬与梦想……

然后，便是一张张在上海的时装照，脸庞红润，嘴唇娇艳，眼睛里闪着光芒。

那时她是上海滩横空出世的才女……

一张张、一幕幕，照片记忆着某时某刻的岁月与容颜，生死轮回，当时只道是寻常。她不怕死，只怕仓皇死去时，连句道别的遗言都没有留下。

1992 年，她给林式同寄去了一份遗嘱的副本，上面如是写道：一，所有的私人物品留给香港的宋淇夫妇；二，不举行任何丧礼，将遗体火化，骨灰撒到任何空旷的荒野。遗嘱执行人是林式同。

她陷入回忆的旋涡中，整理照片，编那本图文并茂的《对照记》。

《对照记》是张爱玲最后一本散文集，收录了许多未公开的私人照片。完成《对照记》时，张爱玲已经 73 岁了。在这本"遗著"里，她一改往日对个人隐私的低调保护，将父亲、母亲、姑姑、自己以及炎樱等人的照片都放了进去，让我们看清那些曾陪伴过她生命或长或短时光的人物形象。

彼时，除了炎樱之外，大部分人都已经去世：父亲逝世于 1953 年，母亲逝世于 1957 年，姑姑逝世于 1991 年。

在《对照记》的最后，她写下一段话，或许是进行一场郑重的告别。

时间加速，越来越快，越来越快，繁弦急管转入急管哀弦，急景凋年倒已经遥遥在望。一连串的蒙太奇，下接淡出。

一本自传体《对照记》，100 多幅珍贵的老照片，是爱玲从幼年到老年的人生轨迹。

1993 年 11 月至 1994 年 1 月,《皇冠》第 477 至 479 期收入《对照记》。1994 年 6 月,该书出版单行本。

她已做好足够的准备,从容奔赴死亡的约会。

1995 年 9 月 8 日,张爱玲的尸体在洛杉矶的公寓里被人发现,此刻,距离她去世将近一个星期。公寓房东见这位老太太几日未曾露面,心下生疑,打电话不应,才叫来警方。

那深锁的门,终于敞开了。透进一缕光,照向屋内。

盛装的张爱玲,在众人眼里不过是一位瘦小的老太太。赭红色旗袍似一朵盛极的牡丹,穿在她身上。她静静地躺在蓝色的地毯上,她身旁,被她当作书桌用的纸箱上还放着她未收起的稿子,上面的钢笔拧开着未盖笔帽儿,仿佛等着那只手再次将它握起。

门边最显眼的地方,一只黑色的小提包孤独而又突兀地摆放着,打开瞧,身份证、遗嘱整整齐齐地放在包里面。

张爱玲一生最不爱麻烦别人,至死都是。

她就那样悄无声息地走了,没有惊动她的任何亲朋好友。

9 月 19 日,张爱玲的遗体在玫瑰岗墓园火化,没有仪式,没有亲朋到场。火化后,她的骨灰被撒在了浩渺的大海中。

李碧华在《鹤顶红》一文中写道:"此批幸存的老照片,不但珍贵,而且颇有味道,是文字以外的'余韵'。捧在手中一页页地掀,如同乱纹中依稀一个自画像:稚雅,成长,茂盛,荒凉……"

关上一扇门,打开一扇窗,时光纷飞,那些稚嫩的记忆、不能回头的成长和挥不去的想念越发清晰。

正如爱玲在《金锁记》中写的最后一段意味深长的话：三十年前的月亮早已沉下去，三十年前的人也死了，然而三十年前的故事还没完——完不了……